陈永存 编著

视频学习版

有图学八卦掌

人民邮电出版社

北京

图书在版编目（CIP）数据

看图学八卦掌：视频学习版 / 陈永存编著. —— 北
京：人民邮电出版社，2022.3
ISBN 978-7-115-49881-6

Ⅰ. ①看… Ⅱ. ①陈… Ⅲ. ①八卦掌—图解 Ⅳ.
①G852.16-64

中国版本图书馆CIP数据核字(2018)第259571号

免责声明

作者和出版商都已尽可能确保本书技术上的准确性以及合理性，并特别声明，不会承担由于使用本出版物中的材料而遭受的任何损伤所直接或间接产生的与个人或团体相关的一切责任、损失或风险。

内 容 提 要

本书首先对八卦掌的由来、特点、练习要点和动作进行了介绍，接着对包括掌法、步法、桩功在内的基础功法进行了讲解。本书还采用真人示范、分步骤图解的方式，分别对八卦游身连环掌二十四式和八式操手进行了展示。此外，本书配有免费的视频资源，以帮助广大武术爱好者从零进阶，降低学习难度，提高练习效果。

◆ 编　著　陈永存

责任编辑　寇佳音

责任印制　马振武

◆ 人民邮电出版社出版发行　北京市丰台区成寿寺路 11 号

邮编　100164　电子邮件　315@ptpress.com.cn

网址　https://www.ptpress.com.cn

涿州市般润文化传播有限公司印刷

◆ 开本：700×1000　1/16

印张：9.5　　　　　　2022 年 3 月第 1 版

字数：214 千字　　　2024 年 11 月河北第 3 次印刷

定价：49.80 元

读者服务热线：**(010)81055296**　印装质量热线：**(010)81055316**
反盗版热线：**(010)81055315**
广告经营许可证：**京东市监广登字 20170147 号**

作者简介

陈永存，毕业于北京体育大学武术专业；副教授，北京信息科技大学国际交流学院武术队教练，多次带领留学生参加北京市高校和全国比赛，并取得了优异的成绩；从事武术教学与训练工作20多年，对中国传统武术文化有着深入的研究，特别是在太极拳、形意拳和八卦掌的教学与训练方面有很深的造诣。

模特简介

徐子寅，北京信息科技大学学生武术协会副会长；5岁半开始习武，师承名师王德明先生，学习程派八卦掌；经常参加北京市和全国武术比赛，屡获奖项。

在线视频访问说明

为了帮助读者更好地掌握动作技术，本书提供了29段演示视频，具体可通过以下步骤在线观看。

步骤1

点击微信功能菜单上的"扫一扫"（图1），扫描页面上的二维码。

步骤2

如果您未关注微信公众号"人邮体育"，扫描后会出现"人邮体育"的二维码。根据提示关注"人邮体育"，并点击"资源详情"（图2），即可进入视频观看页面（图3）。

如果您已关注微信公众号"人邮体育"，扫描后可直接进入视频观看页面。

图1

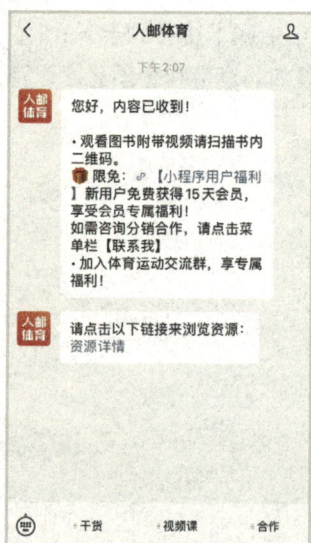

图2

图3

目录

第三章
八卦游身连环掌二十四式

第四章
八卦掌实战演练

第一章

认识八卦掌

1.1 八卦掌的由来

八卦掌是传统内家拳法之一，自北方开始流行，是由清末董海川先生整理总结而得的一套完整的拳术套路和演练方法。

·八卦掌先师——董海川

八卦掌与易经有着密不可分的关系。八卦掌是一个由易经推衍而来的整体系统，这样庞大的系统一两个人是无法创建出来的，应该是在漫长的时间中逐步形成的，而后由董海川先生对其进行归纳总结并流传于世。但关于董海川先生的生平及其与八卦掌的早期源流并无详尽可信的记录，董海川先生本人也并未详细谈论过此拳术的确切来源和传承关系，所以只能做此粗略的推断。

董海川先生于清朝咸丰年间于北京传授"八卦连环掌"，使八卦掌能够流传于世，因此大多数修习八卦掌者供奉其为祖师爷。据董公墓志铭的碑文记载，董公原名继德，后改为海川，河北省文安县朱家务村人，生年尚未完全确定，约为清朝嘉庆年间，卒于1882 年。董公年少时就力量惊人且热爱武术，擅长打猎，但不擅长种庄稼，以行侠仗义、锄强扶弱和济困扶危闻名于乡里。成年后游历四方，于名山大川之间寻师访友，欲以实现自己的伟大志向，后终遇名师授之以武术，董公方能技艺精湛，出师后却因打抱不平而惹下祸事，最终避祸于肃王府。偶得肃王爷赏识并任王府管家总教，后开始传授八卦掌，但由于身处王府之中，向平民百姓传授拳术多有不便，所以董公以年事已高为由，请求王爷恩准居住于府外。董公出府后广收门徒，且授艺并不刻板严苛，而是因人施教，只要原理与八卦掌相符，具体动作一致与否并不重要，因此八卦掌逐渐形成了众多不同的流派。

·八卦掌的流派

在八卦掌的众多流派之中，流传最为广泛、修习者最为众多的主要有五大流派，分别是尹式、程式、史式、梁式和形意八卦掌。

尹式

传自董海川先生之徒尹福。尹福，字德安，号寿鹏，河北冀州（今河北省衡水市冀州区）人，生于1840年，卒于1909年。尹福自幼好武，学过罗汉拳和弹腿，后拜师于董公门下，为董公大弟子，得董公亲传身教。尹福将罗汉拳和弹腿之精华融入八卦掌之中，形成了自己的独特风格，也就是尹式八卦掌。尹福后供职于宫中，因其相貌清秀，身形瘦长，性情温和，被人称为"瘦尹"。

程式

传自董海川先生之徒程廷华。程廷华，字应芳，河北深州人，生于1848年，卒于1900年。程廷华自幼入京学徒，练习摔跤和少林拳，因从事制售眼镜行业，人称"眼镜程"。后拜于董公门下，研习八卦掌多年，尽得董公真传，在众多八卦掌流派之中，程式八卦掌最为接近董公之原架八卦掌，全名"无极拳游身八卦连环掌"，又称北京南城派八卦掌。

史式

传自董海川先生之徒史计栋。史计栋，字振邦，河北冀州人，既是董公之徒，又是董公之义女婿，生于1837年，卒于1909年。史计栋擅长技击功夫，尤精腿法，因董公将其腿法制伏，故拜服于董公门下，苦练八卦掌并成就斐然，人称"溜腿史六"。

梁式

传自董海川先生之徒梁振蒲。梁振蒲，字照庭，河北冀州人，生于1863年，卒于1932年。幼时跟随秦凤仪老拳师学弹腿，15岁入京，在一家估衣行做学徒，人称"估衣梁"。梁振蒲16岁拜董公为师，修习八卦掌。其人豪爽聪敏，且是董公徒弟中年龄最小的，所以深得董公喜爱，但由于拜师较晚，追随董公不过两年有余，技艺也得到众位师兄之指点，因此流派招式与史派较为类似。

形意

传自董海川先生之徒张占魁。张占魁，字兆东，河北河间人，生于1865年，卒于1938年。张占魁从小热爱拳术，曾学习花拳，后追随形意名家刘奇兰学习形意拳，技艺精湛，出师后又与程廷华结为义兄弟。再后拜于董公门下并由程廷华代师传艺，其将形意拳与八卦掌相互融合，遂称"形意八卦掌"。

1.2 八卦掌的特点

各种武术都有其独特的风格和特点，八卦掌也不例外，以掌法的变化和行步走圈为主要特点，每圈走八步，与八卦的八个方位暗合，有歌诀曰："八卦掌法，奥妙无穷，以掌为法，以走为用，斜出正入，脱身换影，刚柔相济，虚实相生，明暗腿法，七拳互用，意为元帅，眼为先锋，六合归一，放胆成功，攻防真谛，尽在其中。"下面重点介绍其较为重要的几个特点。

·以掌为法

八卦掌以掌法为先，不论是掌背、掌心、掌根，还是掌沿、掌腕、掌指，都能在各类掌法中找到相应的用处，而掌推、掌带、掌穿、掌截、掌切、掌托、掌劈、掌捋、掌探、掌撩和掌缠等多种技法变幻莫测，将八卦掌"以掌为法"的特点表现得淋漓尽致。

·以走为用

八卦掌以走转为主，练习时要走圈，且外脚每一步会形成一条曲线，亦直亦斜。"走"是八卦掌用以攻防转换的关键技术，当遭遇对手时，可以绕之环转，观察对手弱点，扰乱对手思维，并趁机展开攻击；可以忽左忽右，忽前忽后，通过掌法和步伐的协调一致、密切配合，达到出奇制胜的目的；还可以倏而就回，或一触即走，主动进攻，或假以撤退，败中取胜，或转身遁走，引敌深入。

·斜出正入

在八卦掌走圈的过程中要保持腰身向内成斜势，但行走过程中，斜势会转为正势，落步时又变回斜势，这一斜正互变的过程在走圈时不断灵活地进行重复。斜身对敌相比于正面对敌，受攻击面积减小，且令对手无法完全看清楚自己的招式，而在对手攻击时，又可以迅速地变斜为正，化解对方攻击并予以还击，显示出斜出正入、步斜身正的威力。

·脱身换影

脱身换影强调的是八卦掌的速度，要求掌法多变、腰身圆活、步法敏捷、眼法锐利、劲力收放自如，这些都需要多年的练习方可达到。正如尹福所言："八卦掌讲究掌法赢人，身法赢人，步眼赢人，功夫赢人。"当练习至脱身换影的程度后，便能达到身随步走、步随掌换、掌随身变的境界。

1.3 八卦掌的练习要点

八卦掌的练习方法十分特别，围小树而转，或画方寸之圆在内走圈，通过掌法和步法的练习，达到"掌法赢人，身法赢人，步眼赢人，功夫赢人"的境界。

·十要

头：头正颈直，二目平视，虚领顶劲，有神有意。
背：含胸圆背，力摧身前，不僵不滞，舒展自然。
肩：双肩里合，宜松宜垂，劲力到手，肩之所为。
臂：前臂屈伸，后臂护身，滚钻争裹，变化随心。
肘：沉肩坠肘，力量到手，肘法要快，攻中有守。
手：拇指外展，中指上伸，四指贴拢，虎口圆分。
腰：腰如轴立，刚柔相济，有拧有翻，灵活有力。
臀：谷道缩提，任督交会，气纳丹田，吸胯溜臀。
股：前股领路，后股支撑，合膝裹裆，剪股之形。
足：里足直出，外足微扣，行步趟泥，五指微扣。

· 八法

三顶：头要顶，舌要顶，掌要顶。　　三抱：心意抱，两肋抱，胆量抱。

三扣：两肩扣，掌背扣，脚背扣。　　三垂：气要垂，肩要垂，肘要垂。

三圆：脊背圆，前胸圆，虎口圆。　　三曲：两臂曲，两腿曲，两腕曲。

三敏：心要敏，眼要敏，掌要敏。　　三挺：颈要挺，腰要挺，膝要挺。

· 谨防三病

三病即指气病、形病、意病。气病是指憋气、压气，造成气血上涌、胸闷伤肺或肠胃出血、因病伤身，无法做到气沉丹田。形病是指身形紧张、肌肉僵硬、关节固化，使得动作滞涩而不灵活，劲力过度而不节制，达不到刚柔并济、舒筋活络、强身健体的目的。意病是指用意不足或过度，用意不足即不够专注，练习时还在思考别的事情，达不到练习的效果；用意过度则违反了八卦掌所讲究的"意如飘旗，又如点灯"的原则，并进一步导致行动不自然，周身被牵制。

· 择地而练

八卦掌练习通常是围绕一颗小树进行走转，最好选择风景宜人、静谧无风、空气新鲜的地方进行。假想小树为对手，绕其走圈来锻炼攻防意识和技术，同时以小树为参照物，时刻留意自己的斜势角度和身形姿势并加以调整。随着小树的生长，个人的技艺也在逐步提高，小树即成为练习者最好的陪伴者和见证者。

· 任点起势

有人为了显耀个人的技法或制造神秘感、仪式感，对初学者要求必须从某卦某个方位起势，这是非常不可取的行为。董公传授八卦掌从未硬性规定过起势地点，练功时不论从走圈的哪一点起势都是无关紧要的，都是可以练好八卦掌的，除非是参加比赛时有相应规则或进行表演时以示礼貌，其他场合均可以根据个人的习惯、具体情况来自由选择起势地点。

· 持之以恒

万事开头难，许多初学者都会被初期的困难吓退，如走圈时出现头晕，趟泥步时左摇右晃等，这些都是正常现象。通过长期的练习，练习者的力量逐渐增长，气息逐渐延长。逐步掌握八卦掌的要领，练习者就能渐渐控制身体的平衡和呼吸的快慢，自然也就不会出现初期的一些现象。当然，这就要求练习者不能三天打鱼，两天晒网，要持之以恒，以毅力和恒心克服困难，方能取得进步。

1.4 八卦掌动作说明

下面重点介绍八卦掌较为重要的三大动作。

· 掌形

仰掌

右臂前伸，右掌掌心向上，五指分开，掌心保持凹空。

俯掌

右掌掌心向下，五指分开，手掌外侧向外，大拇指向里。

竖掌

右掌除拇指外其余四指向上竖直分开，拇指斜向上，掌心向外，手腕背屈。

抱掌

右掌五指分开，掌心向内，五指弯曲向内收拢。

劈掌

右掌五指分开，掌心向左，掌指向前，拇指外侧朝上，小拇指外侧朝下，从上向下劈。

撩掌

右掌五指分开，拇指外侧向上，掌指向下，从右下方向前方撩出。

挑掌

右掌五指分开，从右下向前、向上挑出，掌指向上，掌心向前。

螺旋掌

右掌五指分开，右臂向内旋同时上举，小指外侧对着面部，掌指向上。

·步形

正面视角

龙形坐步

两腿交叉靠拢向下蹲，左脚全脚、右脚前脚掌着地，左腿弯曲，膝盖内侧叠于右腿膝盖上方，臀部坐于后腿接近脚跟处。

其他视角

马步

两腿屈膝向下蹲，注意两膝不要超过脚尖。大腿与地面水平，全脚着地，脚尖朝前方，身体重心落于两腿之间。

其他视角

提膝步

左腿伸直支撑地面，右腿屈膝提起至过腰部，脚面绷直，并垂于左大腿前。

正面视角

虚步

左脚全脚站立，屈膝半蹲，重心在左脚，右脚在前，脚尖虚点地，脚与膝盖微屈。

正面视角

左腿屈膝，左脚脚尖朝右，右脚扣步于左脚前，右脚尖朝左前，左右脚呈丁字形，扣步要小。

侧面视角

左腿屈膝，左脚尖朝左，右脚外摆于左脚前，脚尖朝右，摆步要大。

侧面视角

仆步

左腿屈膝下蹲，大腿紧贴着小腿，臀部靠近左小腿，全脚着地，右脚向外展并且伸直。

正面视角

弓步

右脚向前一大步，脚尖朝前，右腿屈膝半蹲至大腿与地面平行，左腿伸直，呈弓步。

· 腿形

① ②

摆腿

侧面视角

①两臂平举，两脚前后站立，右脚脚尖着地，重心落于前脚。
②保持上身姿态不变，右腿向上踢并且经面前时外摆。注意过程中上身保持正直，支撑腿要直，摆腿时快速有力。

① ②

扣腿

①两臂平举，两脚前后站立，左脚在前，右脚脚尖着地，重心落于前脚。
②左脚支撑，右腿向上踢并且向里扣腿，此时上身保持正直。

踢腿

侧面视角

① 两臂平举，两脚前后站立，左脚在前，右脚脚尖着地，重心落于前脚。
② 左脚支撑，右腿脚尖回勾经过身前上踢至头部，上身保持正直，脚尖对头。

屈腿

侧面视角

① 两手叉腰，上身挺直，左腿支撑地面，右腿上提并且屈膝，右脚内摆至与左膝平。
② 上身姿态保持不变，右腿直膝向前方展腿，与地面保持平行。

兜腿

侧面视角

①左掌外旋上举，掌指向上，右掌内旋于身体后侧，掌心向外。上身挺直，左腿支撑地面，右腿上提并且屈膝，右脚内摆与左膝平，脚尖朝下。

②上身姿态保持不变，右脚尖回勾，经支撑脚里侧和前侧从下而上兜起。

绷腿

侧面视角

①两臂平举，左脚支撑站立，右脚上提并且屈膝，右脚内摆与左膝平，重心落于左脚。

②上身姿态保持不变，右腿提膝向身前上方绷踢，绷腿要直，快速有力。

翻腿

正面视角

①两臂平举，左脚支撑地面，右脚脚尖着地，重心落于左脚。

②上身姿态保持不变，右腿上翻至与胸部平，翻腿快速有力。

踹腿

①两掌张开交错于胸前，左腿微屈支撑地面，右腿上提并且屈膝。

②两臂外旋向体侧伸展，同时右腿向右上方踹出，上身倾斜至与地面保持一定角度，右腿伸直。动作要连贯、快速而有力。

劈腿

① ②

正面视角

① 两臂平举，左脚支撑地面，右脚在后，脚尖着地，重心落于左脚。

② 上身姿态保持不变，左腿微屈，右腿上抬并快速下劈，劈腿要直，上身微前倾。

滚腿

① ②

① 左臂向前伸直，掌心向前，掌指向右，右臂向身后侧伸直，掌心向下，左腿支撑地面，右腿上提并且屈膝，右脚尖朝下。

② 左臂保持不动，上身前倾，右腿展腿后蹬至伸直，此时右臂向后伸至与左臂在同一水平线。

① ②

截腿

正面视角

①两臂平举，左脚支撑地面，右脚屈膝外摆，重心落于左脚。
②上身姿态保持不变，左腿屈膝下蹲，右腿向体前伸出，向下斜截，抬腿要快速。

① ②

正面视角

切腿

①两臂平举，左脚支撑地面，右脚屈膝内摆，重心落于左脚。
②上身姿态保持不变，右脚向里勾，向前伸腿，用脚外沿经身前向下斜切，左腿屈膝下蹲。

① ②

正面视角

①两臂平举，两脚前后站立，右脚脚尖着地，重心落于左脚。

②右臂不动，左臂经体前向右伸出，掌心向右，右腿脚尖回勾，经左腿前向体前左上方点腿。

第二章

八卦掌的基础功

2.1 基础掌法——定式八掌

·第一式——猛虎下山（下沉掌）

①预备式：自然站立，手臂向下垂落于身体两侧，周身放松，眼睛注视前方。

②双臂内旋，双手自下向上从身体左右两侧缓缓举起至与头同高。

③双手自上向下向胸腹部回收下按成下沉掌，同时双腿微屈。

动作精要

·双手上举时，肩部以及胯部要下沉。

·双掌下沉时，手掌保持自然伸直，不紧绷。

④ ⑤

動作精要

·转体时要以腰部带身，双脚走步时要尽量平起平落。

·上身保持正直，要放松，切勿紧绷，注意过程中不要前俯后仰。

④－⑤重心移至左脚，同时身体左转，向前左右脚反复交替，逆时针行走一圈。

沿圈走转的方法

始

·第二式——大鹏展翅（托天掌）

①承上式，双掌自下而上向上提，掌心向前，同时双脚继续逆时针沿圈行走。
②右脚上前，身体左转，重心移至左脚，同时两掌随转体向前方推出至与头高，掌心向前。
③继续向左沿圈行走，同时双臂从体前向两侧展开，再经体后向下划圈，双掌变拳置于腰际两侧，拳心向上。

④跟步，双拳经腰部从体前向上托出同时变掌，掌心均朝上。
⑤上身姿态保持不变，继续逆时针行走一圈。

动作精要

·以腰劲带动身体沿圈转，并且双掌像托物一样。

·肘关节下垂，两臂微屈。

第二式连贯动作

·第三式——狮子张口（双合掌）

扫描二维码
跟练正确动作

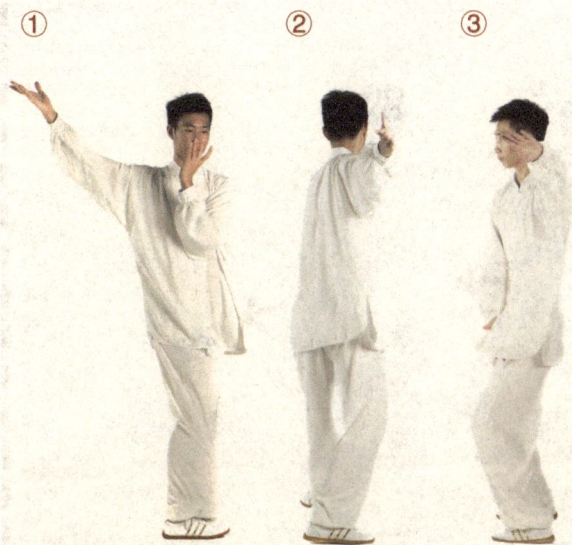

① ② ③

①-②承上式，逆时针沿圈行走。左脚踏实，右脚向前跟步，同时向左拧腰转体，左臂屈肘，掌心逐渐向下，随转体经胸前从身体右侧向左下方画弧至左侧腰前。

③继续向左转体，右脚踏实，同时左臂经身前向左侧平举，掌心向下。右臂从右上方向前下方画弧至腰前侧，掌心向内。

动作精要

· 是摆步还是扣步要清楚，不要弄混。

· 拧腰转体要灵活，走步虚实分明。

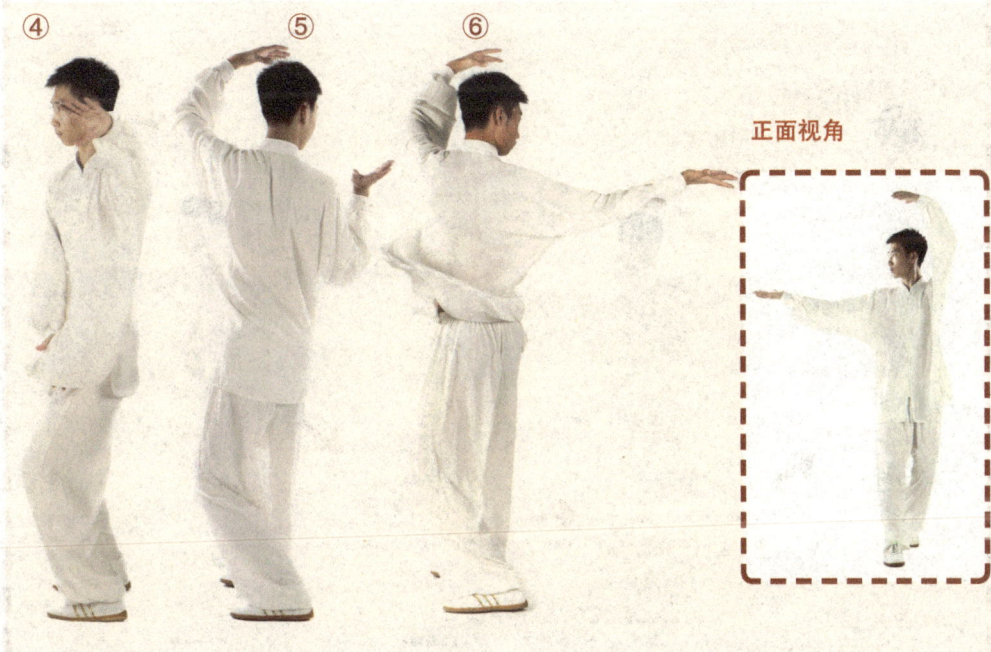

④ ⑤ ⑥

正面视角

④-⑥左腿微屈，向右转腰，同时右掌随转腰向右前方穿出至与肩部齐，掌心向上，左掌从左后，经头部向右前方平探穿出至高于头部，目视右掌方向，然后向右顺时针行走一圈。

第三式连贯动作

·第四式——怀中抱月（七星掌）

扫描二维码
跟练正确动作

①承上式，向右转，双臂上举，掌心向前。
②随后向右转体，上左步，双臂于胸前平举，眼睛注视前方。
③继续向右拧腰转体，双臂从胸前扩展开。

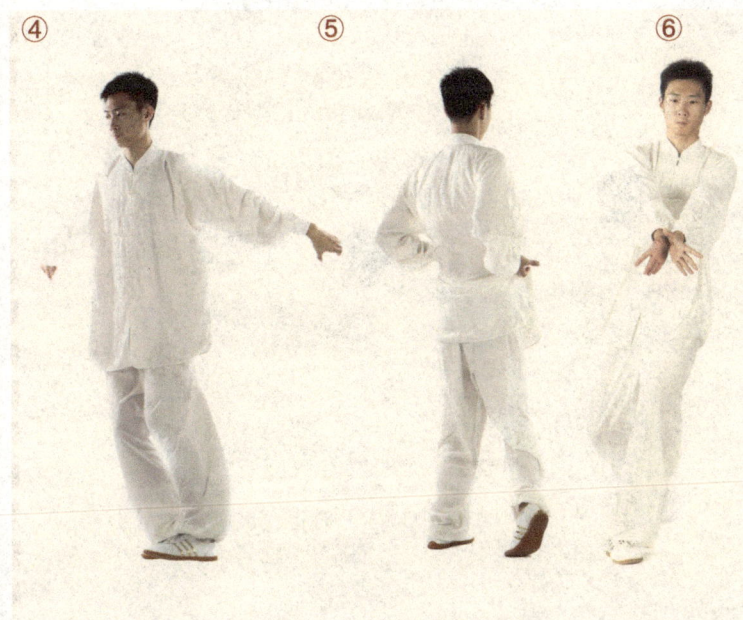

动作精要

· 上身始终保持挺直，以掌指带劲向前。

· 动作过程中，两臂要有怀抱之力。

正面视角

④－⑥转体一周，同时，双手随动作收至腰侧，手腕紧贴向前插，五指张开，掌心向前。
上身姿势保持不变，向左逆时针行走一圈，目视前方。

第四式连贯动作

· 第五式——白猿献桃（双撞掌）

扫描二维码
跟练正确动作

① ② ③

动作精要

· 双臂内旋要带力，以掌尖领劲。

· 双掌推撞时要拧腰。

①承上式，两臂屈肘收至腰际两侧，掌心向上。
②向左转体一周，双臂内旋，指尖向后。
③继续向左转体，两臂内旋经腰侧向后、向上伸出平举。

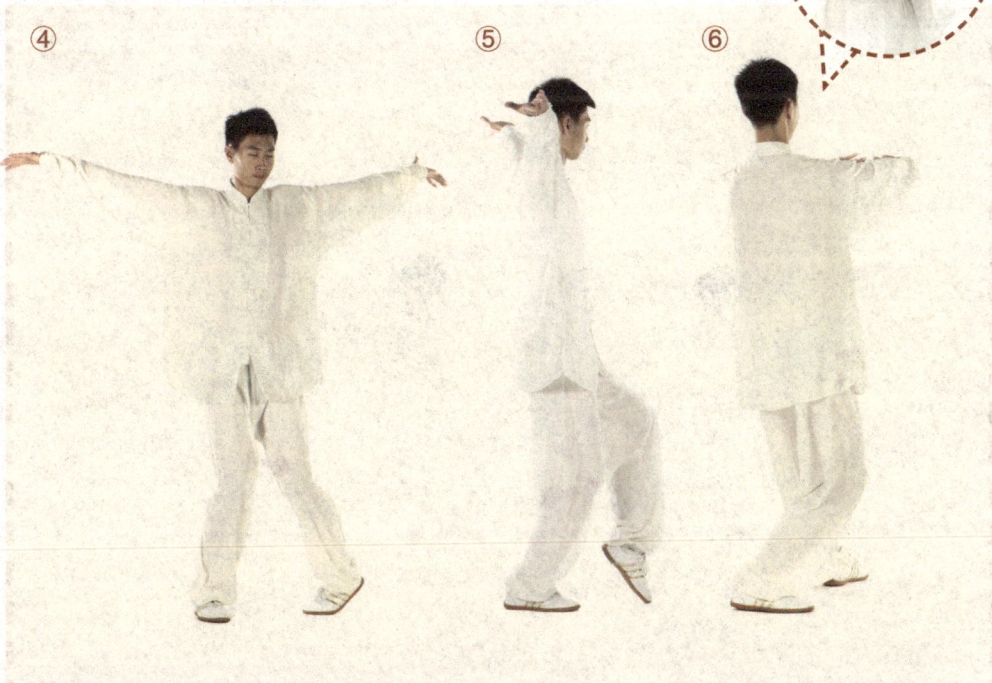

④ ⑤ ⑥

④ ⑥向左转体一周后，两手翻掌，掌心向上。随后，双肘弯曲，双手收至颈侧，掌心向前推出。上身姿势保持不变，向右顺时针行走一圈，眼睛注视两掌方向。

第五式连贯动作

·第六式——黑熊探臂（阴阳掌）

① ② ③

①－③承上式，向右侧转体，两臂经胸前打开。左手翻掌向上托起举至头部上方。右臂经胸前画弧向下置于背后。

④ ⑤ ⑥

动作精要

·沿圈行走过程中上身保持挺直。

·动作要快速灵活。

④－⑤保持姿势继续向右侧旋转半圈。随后右臂内旋，右手举至头部上方，掌心向前。左臂向下置于背后。

⑥上身姿势保持不变，向左逆时针行走一圈，动作要快速灵活，目视前方。

第六式连贯动作

·第七式——指天插地（外开掌）

扫描二维码
跟练正确动作

①

正面视角

①承上式，向左侧转体，右掌外旋向里向下插，左臂屈肘内旋穿过腰际举至与左肩高，掌心朝前。

动作精要

·以腰部的力量带动左掌的动作。左臂要微屈。

·右掌向下插要有力，肩关节下沉。

② ③ ④

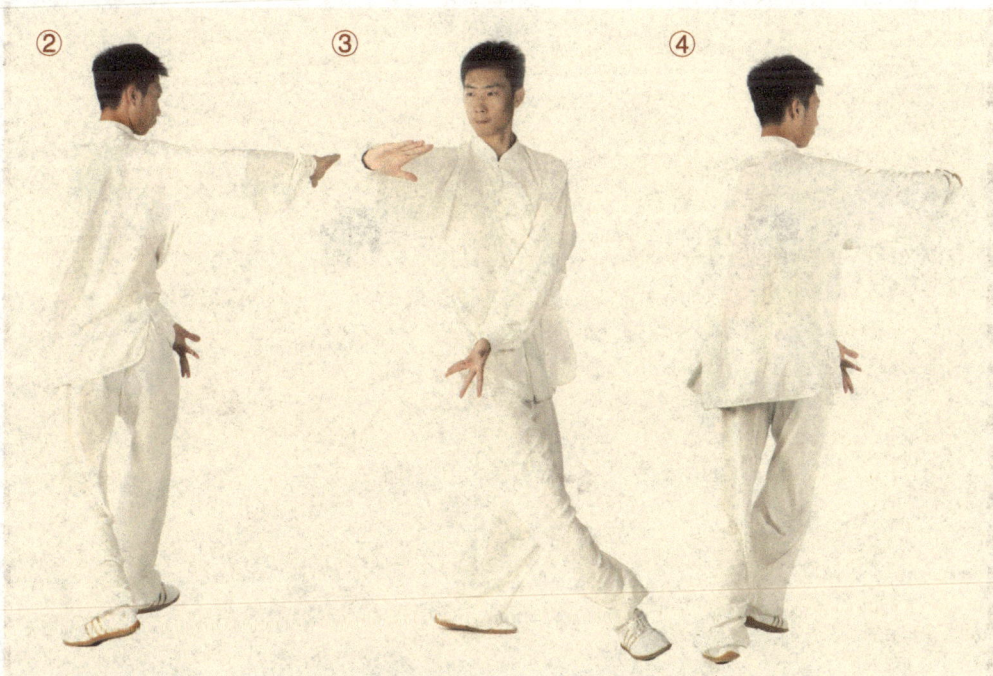

②-③两脚保持不动，上身向右侧转体，左臂外旋向下插，右掌自前向上平举至与肩同齐，掌心朝前。

④上身姿势保持不变，同时身体继续右转，向右顺时针行走一圈，眼睛注视右掌方向。

第七式连贯动作

·第八式——青龙探爪（单换掌）

动作精要

· 以腰部的力量带动身体转圈，两臂保持微屈。

· 两掌一上一下，肘关节下垂，左掌尽量向前顶，右掌支撑用力。

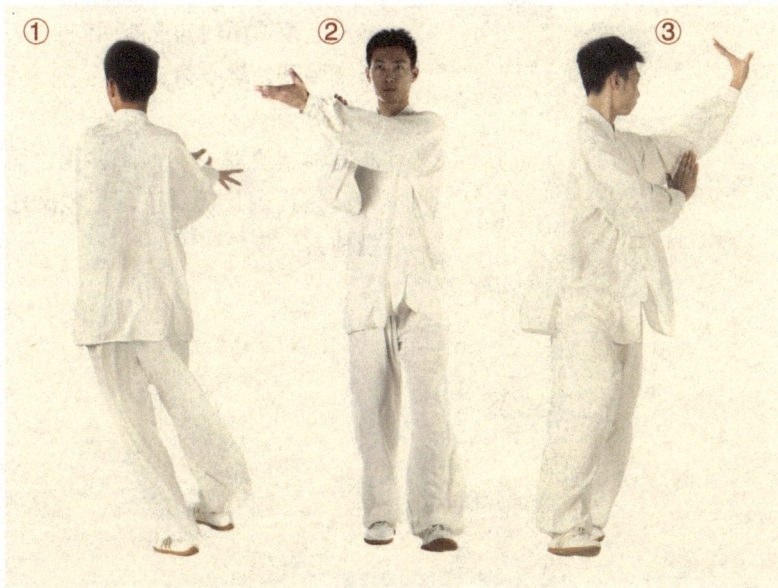

①承上式，右脚上步，扣步于左脚前，向左侧转体。同时左掌从下至上伸出，右掌向前方伸出，眼睛注视前方。

②-③左掌自前方向上托出，掌心斜向上，右掌自下经身前置于左肘下，拇指外侧朝里，眼睛注视左掌方向。重心移至左脚，身体向左转沿圈行走。

④沿圈行走半圈时，左掌经头前向下落至与肩齐，右掌姿势保持不变。眼睛注视左掌方向。上身保持不动，继续沿圈向左逆时针行走。

⑤沿圈行走至初始位置，两腿仍微屈，两臂屈肘向身体两侧回收，五指张开，掌心朝上。

⑥身体挺直站立，两脚并拢，同时两掌内旋且缓缓下落，眼睛注视前方。收势完成。

第八式连贯动作

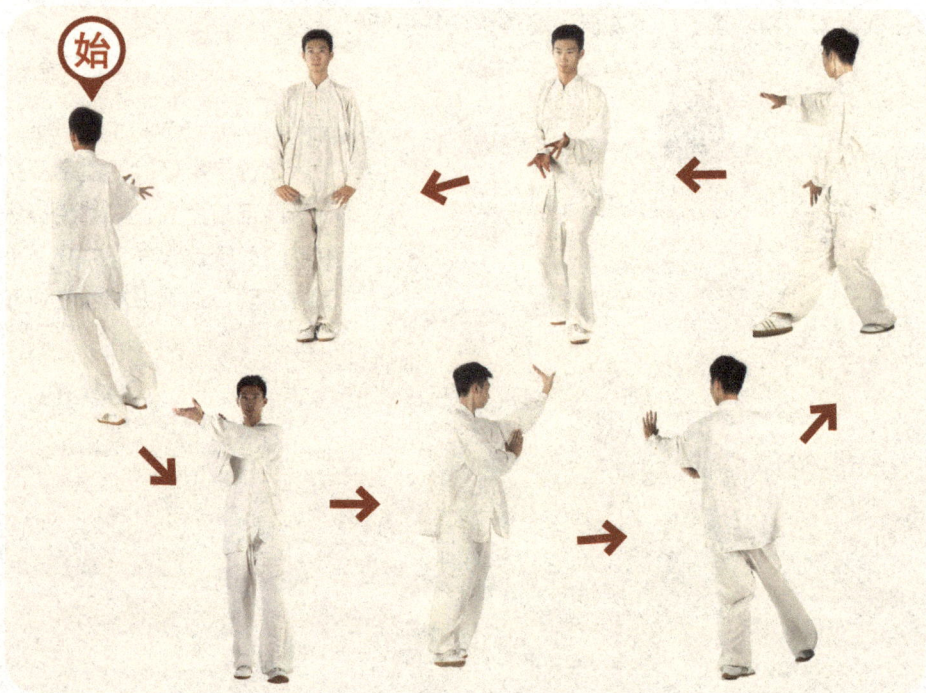

2.2 基础步法——八卦趟泥步

· 第一步——直行步

① ② ③

①在起势处自然站姿，身体挺直，两肩以及两臂要放松，两掌在身体两侧自然下垂，掌指向下，两脚并拢，眼睛注视前方。

②两臂外旋，掌心向上，经身前慢慢向上托起，与头部同高，眼睛注视前方。

③随之两臂内旋，经头部下落至胸前，掌心向下，掌指相对。

④ ⑤

侧面视角

④两掌姿势不变继续经身前下落于腹前，同时右脚上前，左腿微屈，重心前移，眼睛注视前方。

⑤重心继续向前移，左脚上前，向前行步膝部要保持微屈，注意两腿要放松，不要紧绷。

⑥

正面视角

⑦

⑥向右拧腰转体，左脚也随之转动，脚尖朝前，右脚上前一步在路线 6 处脚尖向左扣成丁字，随之重心左移。

⑦左转回身沿直线路线向前上左脚，如此左右脚交替行步，行至起势处以同样的丁字步左转回身。

动作精要

· 在直行步行走过程中要保持身体挺直，注意不要让身体左右摇摆、前俯后仰。

· 两脚落地时，力度不可太重。尽量放松身体。

直行步的路线图（如只行 5 步即返回）

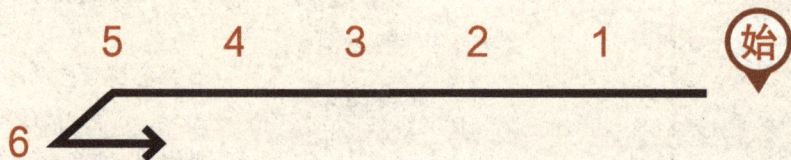

·第二步——摆扣步

大摆大扣

①在起势处自然站姿，上身挺直，两腿微屈，两肩以及两臂要放松，两掌在体前下落，掌心向下，掌指相对，两脚并拢，目视前方。

②重心前移，右脚向前，上身姿势保持不变。眼睛注视前方。

③随之右脚脚尖外摆，沿弧线向左侧踏实成摆步。同时向下坐胯。

动作精要

· 摆步、扣步动作要大，两脚落脚时要分清虚实。

· 成摆步后要向下坐胯，坐胯是为了更好地练习开胯。

④

⑤

动作精要

· 成扣步时注意两膝要贴拢。

· 不管是扣步或摆步都要灵活。

④重心移至右脚，同样上身姿势保持不变。

⑤左脚沿直线向前，脚尖向里扣踏实并成扣步，两膝贴拢，两脚成丁字步形，上身正直，眼睛注视前方。

⑥

正面视角

⑥身体右转，重心移至左脚上。右脚脚尖向外展并且沿弧线向路线 3 方向踏实成摆步，眼睛注视前方。

大摆大扣连贯动作

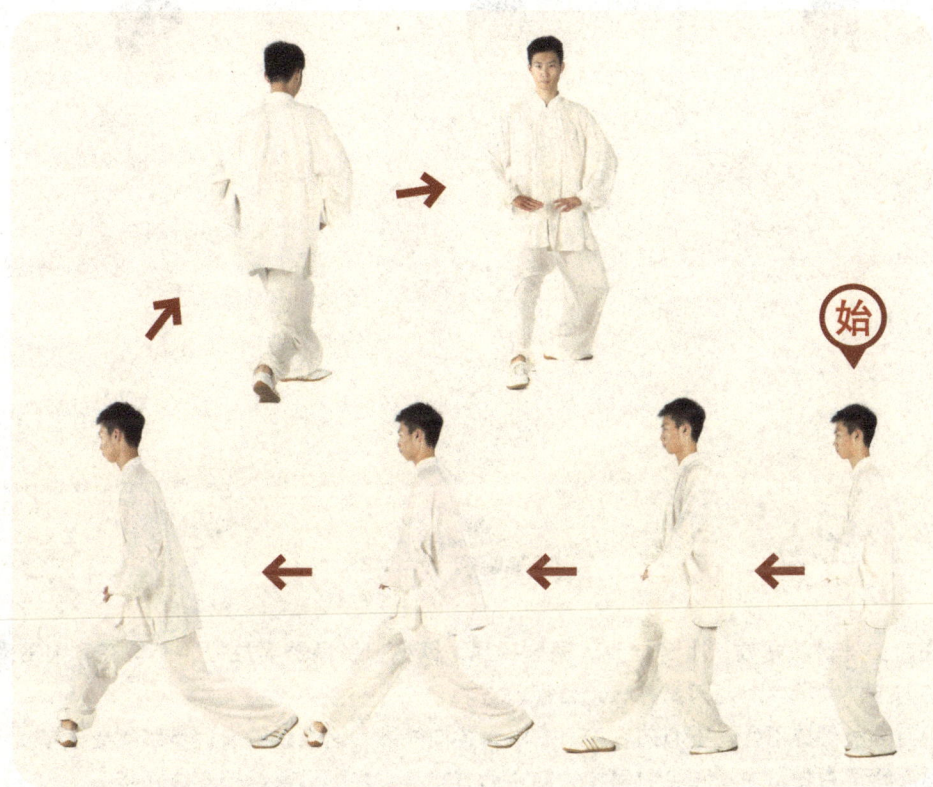

大摆大扣的路线图

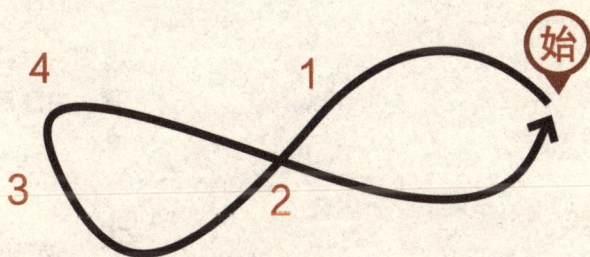

中摆中扣

①在起势处自然站姿，上身挺直，两腿微屈，两肩以及两臂要放松，两掌在体前下落，掌心向下，掌指相对，两脚并拢，目视前方。

②上身姿势保持不变，重心向右移，右脚脚尖向外展，沿弧线向前迈步踏实成摆步。

③重心移至右脚，左脚脚尖向里扣，向右后方转身，左脚沿直线踏实成扣步。

④继续向右侧转体，右脚尖向外伸展沿弧线，踏实成摆步。

⑤向右转回身，左脚向外摆，左腿屈膝，右脚随之前伸。

动作精要

· 两脚虚实要分明。

· 要注意摆步或扣步迈步的大小与角度的变化。

中摆中扣连贯动作

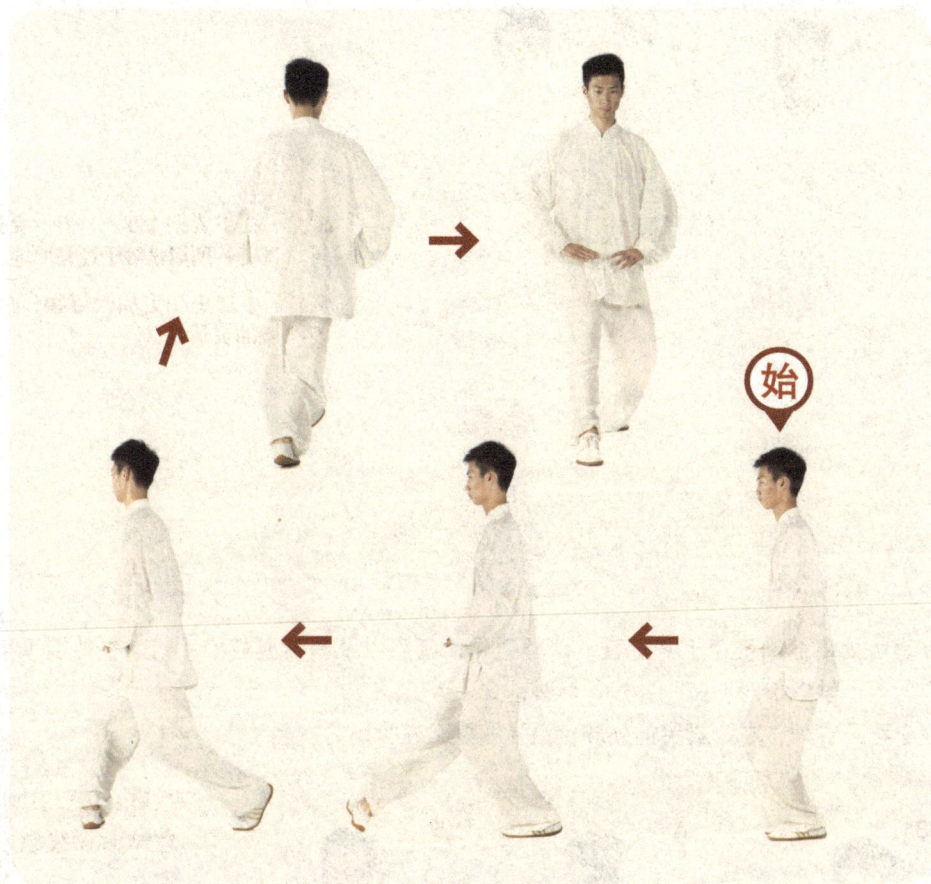

中摆中扣的路线图

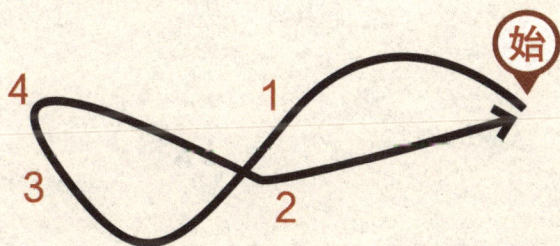

小摆小扣

动作精要

· 摆步要摆180°，扣步要扣360°，所以是等于还在原地。

· 小摆小扣更加锻炼腰、胯、膝的灵活性。

①在起势处自然站姿，上身挺直，两腿微屈，两肩以及两臂要放松，两掌在体前下落，掌心向下，掌指相对，两脚并拢，目视前方。

②重心移至右脚，右脚脚尖向外展，沿弧线摆至左脚前方。

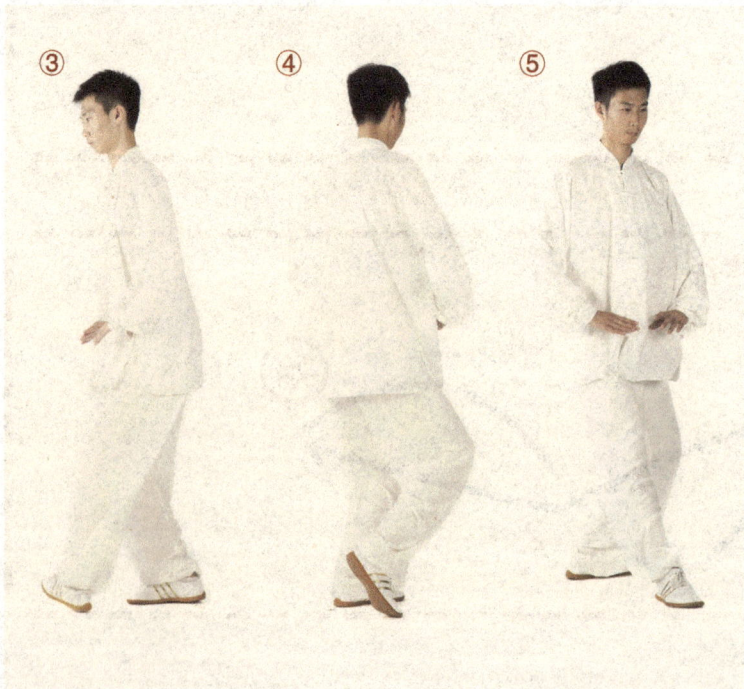

③重心仍在右脚，左脚沿弧线绕右脚前摆，脚尖向里扣。

④－⑤可以交替反方向做摆扣步，交替练习。

小摆小扣连贯动作

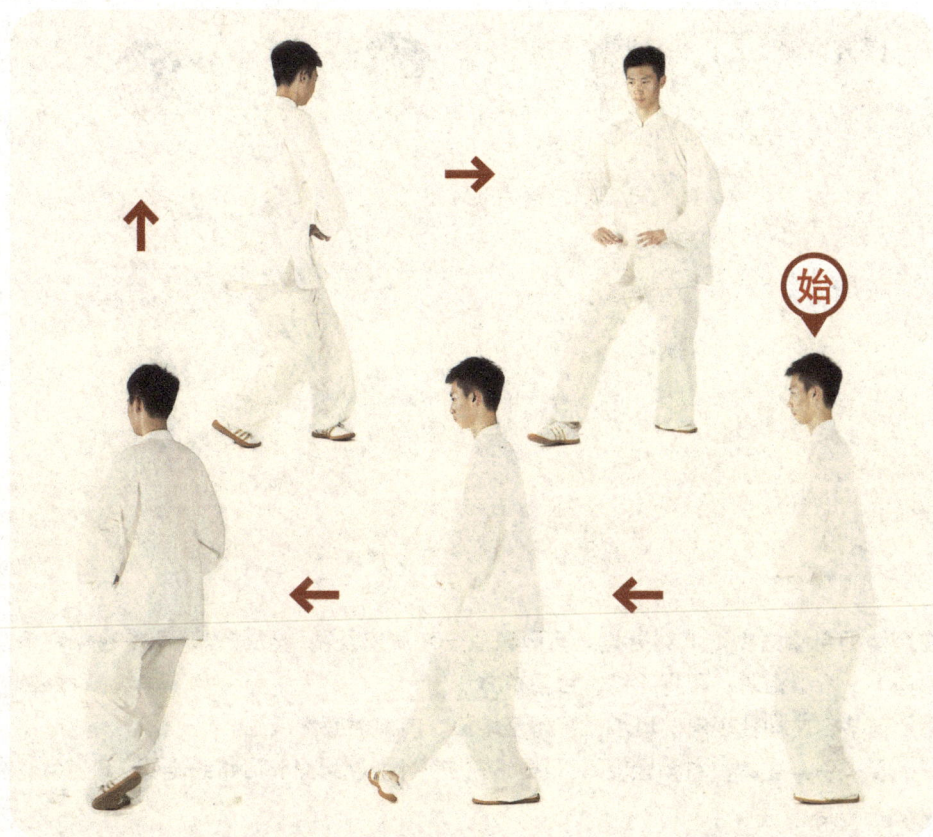

小摆小扣的路线图

·第三步——走圈步

①在起势处自然站立，上身挺直，两腿微屈，两肩以及两臂要放松，两掌在体前下落，掌心向下，掌指相对，两脚并拢，目视前方。

②重心前移，左脚轻轻向前迈步，平落于地面，向前时膝部微屈。

③-④重心移至左脚，右脚轻轻沿弧线向左侧前行。以此交替沿路线走圈，8步为1圈。

⑤当前行至起势处，向左转回身，两脚前后均脚尖点地，注意身体平衡，目视前方。

⑥继续左转回身，恢复至起始姿势。

走圈步连贯动作

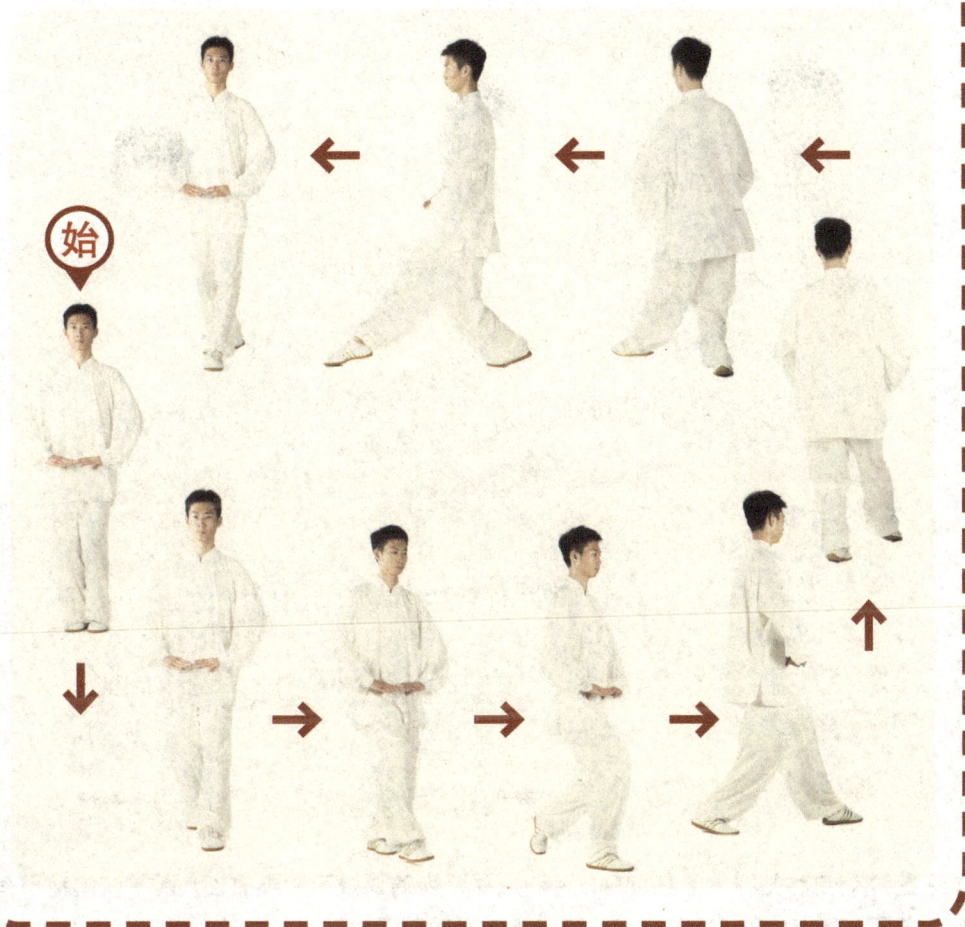

始

走圈步的路线图

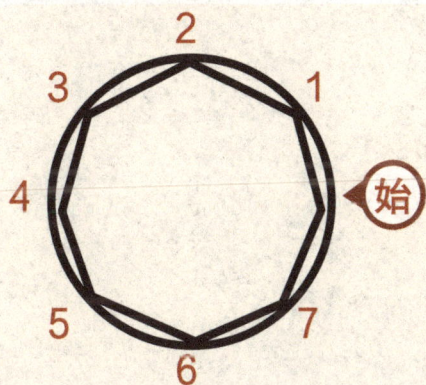

2
3　　1
4　　始
5　　7
6

动作精要

·身体保持挺直，速度不宜过快。

·走圈时，要根据沿圈路线迈步走，不可歪歪扭扭。

55

· 第四步——九宫步

①在起势处自然站姿，上身挺直，两腿微屈，两肩以及两臂要放松，两掌在体前下落，掌心向下，掌指相对，右脚向前，脚尖点地，膝部微屈。

②用直行步沿着九宫步路线图行走，行走时注意双腿屈膝，重心下沉。

③从起势1开始沿路线走绕到9，之后可返绕走8和7而返回1并步收势，注意速度要相同，不可以一会儿慢一会儿快，身体要保持放松。

动作精要

· 上身保持挺直，全身放松。快慢速度要调节好。

· 练习九宫步为更灵活、更好地走步奠定基础。

九宫步的路线图

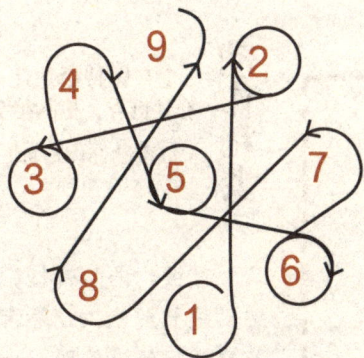

2.3 基础桩功——定式八桩

· 第一桩——无极桩

侧面视角

动作精要

· 全身保持松劲且不紧绷，两脚或两膝并拢。每次站30分钟以上。

自然站姿，身体要保持挺直，挺胸抬头，两臂伸直垂落于身体两侧，两脚并拢，眼睛注视前方。

·太极桩

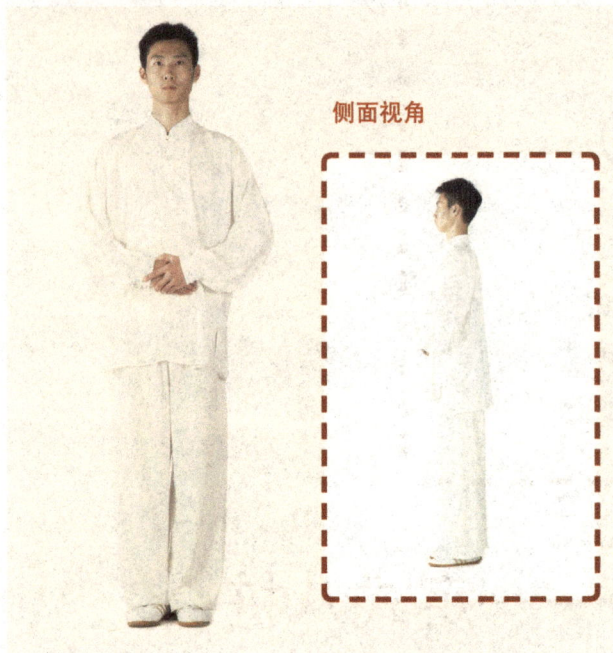

侧面视角

动作精要
· 全身保持松劲且不紧绷，脊柱挺直，挺胸抬头。
· 每次站 30 分钟以上。

自然站姿，两脚并拢，两膝紧靠，关节放松，端然恭立，两手交叠轻轻置于肚脐上，眼睛注视前方。

· 第二桩——两仪桩

侧面视角

两脚开立至比肩略宽，两腿屈膝向下蹲，同时上身挺直，两臂侧平举与肩部在同一水平线上，掌指伸直，掌心均向下，眼睛注视前方。

动作精要
· 上身挺直，保持身体平衡，重心落在两腿之间。

·第三桩——三才桩

侧面视角

动作精要

·肩部与肘部下垂，右臂微屈。

·重心在左脚，保持身体的平衡。

自然站姿，右脚在前，左脚在后，右脚尖前点地，两腿微屈，重心落至左脚。右掌变拳，向前伸出，拳心向左，左臂抬至胸前，掌心贴至右肘部，眼睛注视前方。

·第四桩——四象桩

侧面视角

动作精要

·蹲至大腿与地面水平，腰部要撑圆。

·两掌之间应为一掌的距离。

两脚开立，两腿屈膝向下蹲，同时上身挺直，两臂前半举至与肩同宽，掌指伸直，掌心相对，眼睛注视前方。

· 第五桩——五行桩

侧面视角

动作精要

· 全身保持松劲且不紧绷。
· 两膝靠拢，重心落于左脚。

两腿交叉靠拢向下蹲，左脚全脚、右脚前脚掌撑地，左腿弯曲，膝盖内侧叠于右腿膝盖上方，臀部坐于后腿接近右脚跟处，同时左臂屈肘置于腰后，右臂屈肘上举至过头部，右掌心向下。

· 第六桩——六合桩

侧面视角

动作精要

· 以腰部带动转体。
· 两膝相靠。

自然站姿，向右拧腰，右脚在前，左脚在后，左腿微屈，右臂侧伸，右掌心向前，左臂抬至胸前，左掌心贴至右肘部，眼睛注视右掌方向。

·第七桩——七星桩

侧面视角

动作精要

·全身保持松劲且不紧绷,想象抱着一颗大球。

·肩关节下垂,上身挺直。

右脚在前,左脚在后,重心在左脚,左腿微屈,两手向前上抱起,左手前右手后,右掌心向前,左掌置于胸前,右掌置于右耳侧,左手臂抱圆,眼睛注视前方。

第八桩——八卦桩

侧面视角

动作精要

·两手撑圆,掌指相对。

·注意力集中,站30分钟以上。

两脚开立,两腿微屈,两脚内扣成内八步,两手像抱成圆环一样至头顶上方,眼睛注视两手的方向。

2.4 基础桩功——连环八桩

·第一桩——无极升太极

无极桩（起势）　　过渡式　　　　　　太极桩

①

②

③

①自然站姿，手臂向下垂落于身体两侧，全身放松，注视前方。

②左脚向左后方撤半步，身体半面右转。

③自然站姿，两脚并拢，两膝紧靠，关节放松，端然恭立，两手交叠轻轻置于肚脐上，注视前方。

·第二桩——太极生两仪

过渡式　　　　　　　　　　　　　　　　**两仪桩**

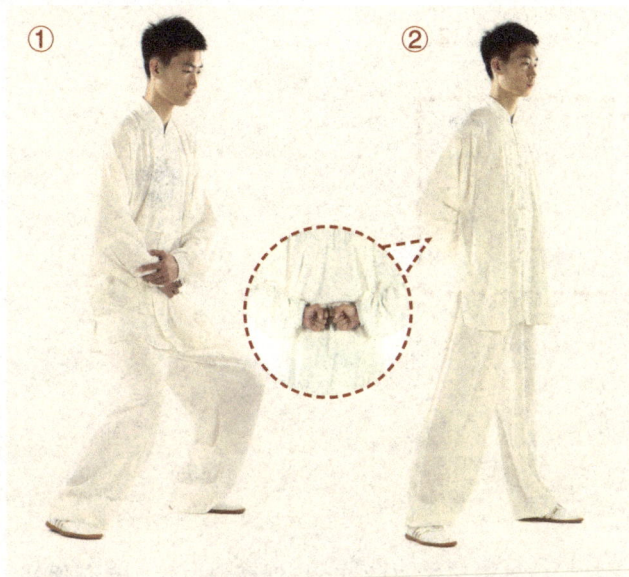

①承上式，左脚呈弧形向左侧摆步，两手在腹前交叠置于腹前，屈膝下蹲。

②身体直立，交叠的两手经腹前、身体两侧向身后摆动，两手变拳，拳锋相对，拳背紧贴着后背，眼睛注视前方。

③两腿下蹲至大腿与地面基本平行，呈马步，同时两拳松开变掌，两臂侧平举，两掌在向上平举过程中，掌心上翻，等两臂与肩呈水平时，两掌回转至掌心向下。

第二桩连贯动作

· 第三桩——两仪生三才

过渡式

①

②

正面视角

①承上式，上身左转，重心移至左脚，向下蹲至成左弓步，同时两臂内旋，掌心朝外，右掌向身体右侧插出，左掌屈肘贴左肩。

②向右挺身拧腰转体，同时右脚尖向右外摆，脚尖朝右，两臂外旋向前方用力推出，左掌贴于右肘部，注视右掌方向。

三才桩（右）

③

③右脚向右前方迈步，重心稍向后，两手随之变掌，右手向前推出，掌心向上，左手贴于右肘部，注视右掌方向。

过渡式

④重心右移，下蹲成右弓步。同时两臂内旋，左掌沿左腿下掖，右肘上提，右手背对右耳门，眼睛注视前方。之后重心左移，成左弓步。

三才桩（左）

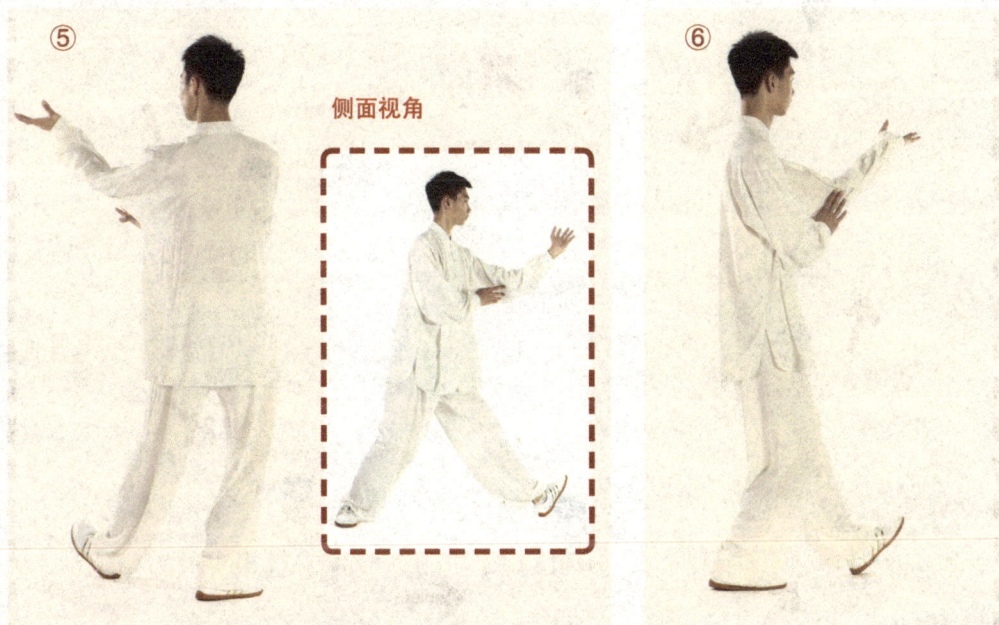

侧面视角

⑤挺身立起，左脚经右脚内侧向左前方弧形外摆，脚跟着地，脚尖外翘，同时两臂外旋，左掌心朝上，右掌贴于左肘部，眼睛注视左掌方向。

⑥向右转体，左脚跟着地，脚尖外翘，前后两脚成斜平行线，上身姿势保持不变。

第三桩连贯动作

·第四桩——三才生四象

过渡式

①　　　　　　　正面视角　　　　　②

①承上式，身体向左后方转体，下蹲成马步，同时两掌随之外旋下按，掌指向斜下方，目视左掌方向。

②向身体正前方回身，随之两掌外翻，掌心向外。

四象桩

③　　　　　　　正面视角

③保持马步，同时两手从身体两侧向胸前移动，移至两手在胸前掌心相对，两臂前平举与肩同宽，眼睛注视前方。

第四桩连贯动作

· 第五桩——四象生五行

过渡式

正面视角

①承上式，身体左转，左腿前弓成左弓步，同时，两手随之屈肘收回，向左膝外侧后下方平按，两掌心向下，手指相对，眼睛注视两手方向。

②身体右转至重心移于右腿，右手在身体后坐的同时外翻至身体右上方，左手随移动置于右肘部，右掌心朝上，左掌心向下，眼睛注视右手指方向。

正面视角

③向左拧腰前倾下坐，左手随之向左后伸至最大极限，右掌经右上方下伸至左腿处，左腿伸直，脚跟着地，右腿微屈。

④向上起身，两手随起身向前移，眼睛注视前方。

五行桩（左）

⑤

过渡式

⑥

⑤左脚外摆，左右腿交叉弯曲下蹲，左腿置于右腿上，臀部虚坐于右脚跟上方，身体随之右拧，右臂随转势屈臂变掌，掌心朝外，掌背对眼眉上方，左臂随屈臂右摆。

⑥起身，右脚向前迈步前弓成右弓步，两掌屈肘收回，向右膝外侧后下方平按，两掌心向下，手指相对。

⑦

正面视角

动作精要

· 注意两手摆动的力度，身体保持平衡，动作要稳定。

⑦向左挺身拧腰转体，左脚上前，重心移至左腿，左手外翻至身体左上方，右手随动，置于左肘部，左掌心朝上，右掌心朝下，注视左掌方向。

⑧向右拧腰前倾下坐，右掌随之经右膝向后伸至最大极限，左手由左上方向右膝处插出，右腿伸直，脚跟着地。

⑨起身，两掌变拳向前挑出，下肢姿势不变。

五行桩（右）

⑩右脚外摆，左右腿交叉弯曲下蹲，右腿置于左腿上，臀部虚坐于左脚跟上方，身体随之右拧，左手随转势屈臂变掌，掌心朝外，掌背对眼眉上方，右掌随屈臂左摆。

· 第六桩——五行生六合

过渡式

①

侧面视角

②

①承上式，两腿直立，向后拧腰，左掌外旋至右腋下，掌心向上，右掌向前推出，掌心朝前。

②当左手运至左耳边时，左脚提起，极力向右脚外侧绕扣。当左掌在腋下外旋时，左脚向右脚前扣步。

动作精要

· 注意力集中，注意两脚的位置，保持腰部的拧力。

六合桩（左）

③当上身向左后拧腰时，右脚向左前方扣步，上身姿势保持不变。

④向左侧拧腰，两手外旋，左掌从下向上推出，右掌从身前穿至左腋下，注视左掌方向。

过渡式

⑤向左侧转体，左掌外旋至左胸前方，右掌从右腋下穿至左肘部上方。

⑥继续向左转体，上身姿势保持不变，眼睛注视前方。

动作精要

· 摆步的方向要清楚。

· 沉肩坠肘，松腰坐胯，掌心涵空。

六合桩（右）

⑦　　　　　　　　　⑧　　　　　　　　　⑨

⑦向左后拧腰转体，左掌外旋，掌心向前，两手上下相对，眼睛注视左掌方向。

⑧身体上前，左脚前扣步于右脚前成丁字步，眼睛注视前方。

⑨向右后方拧腰，两掌随之内旋至前方，右掌在前，掌心向前，左掌在后，置于右肘部下方，眼睛注视右掌方向。

·第七桩——六合生七星

过渡式

①　　　　　　　　　②　　　　　　正面视角

①承上式，右掌极力外旋上举，掌心向斜上方，目视右掌方向。

②回身，左脚扣步与右脚前成丁字步，右臂外旋上举，上身直立，两腿微屈，左手外旋至腹部，两掌掌心相对。

③

④

③摆左脚，上身向左转，右掌随转体举至头部上方，左掌经胸前置于右肩处，掌心朝右。

④摆左脚，向右侧极力拧腰转体，上身姿势保持不变。

⑤

正面视角

动作精要

·收腹挺胸，注意翻掌力度。

⑤身体向右后方旋转一周，两掌随旋转外翻至右上方，右掌指向斜上方，左掌贴于右肘部。眼看右掌方向。

七星桩（右）

⑥　　　　　　　　　⑦

侧面视角

⑥向左回头往左膝前方看，右掌内旋，掌心转向上，左掌从右腋下降，经腹前和左膝向身体左侧划拨，掌心朝外，落于大腿外侧。

⑦右脚上前，双掌向胸前交叉，右手在下，左手在上，同时左膝屈蹲，右脚面绷直，眼睛注视前方。

过渡式

⑧

背面视角

⑧左右腿交叉弯曲下蹲，左腿置于右腿上，臀部虚坐于右脚跟上方，身体随之右拧，左掌变拳，右手抓住左手腕。

⑨

⑩

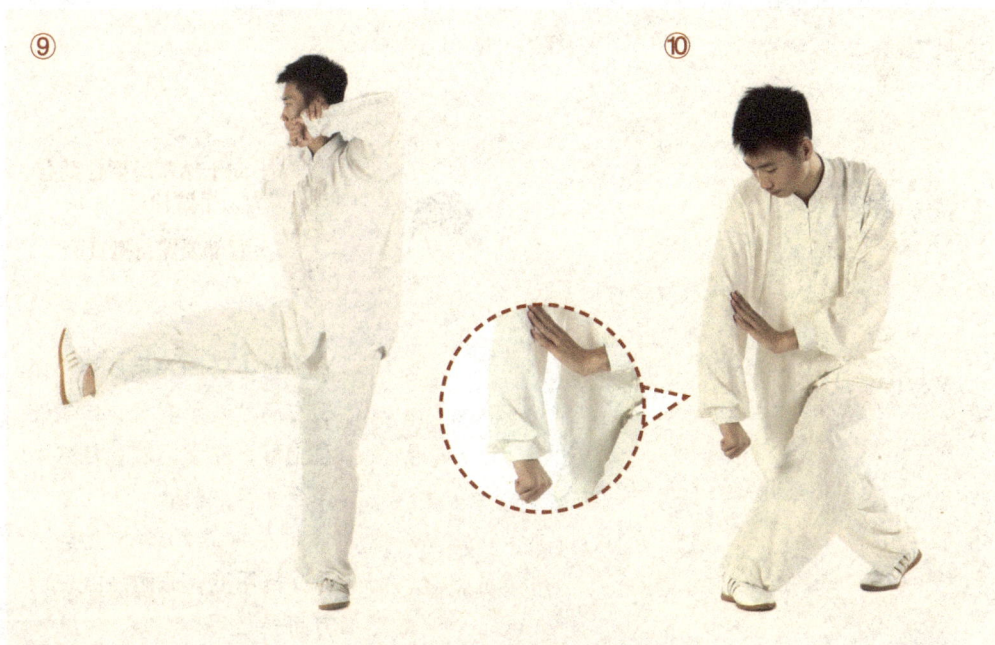

⑨起身，左腿支撑地面，右脚向右侧踹出，两手姿势不变。

⑩左脚位置不变，脚尖外摆，右脚向右后下方踹踹。左拳变掌贴于右肘部，右拳向下方
伸出。

⑪

⑫

正面视角

⑪起身，右脚提起，向左脚前方扣步，右掌外翻上举，掌心向上。

⑫两掌变拳握于右肩处，左脚尖外摆，拧身，眼睛顺左肩方向看。

动作精要

·向上钻掌时要拧劲有力，手臂伸直。

·背部要保持挺直。

⑬上身随势向左后拧转，目视左肩，右拳变掌，内旋伸直上举，左掌内旋，从腰际穿至后背。

⑭向左拧腰转体，上身姿势保持不变，眼睛注视左肩方向。

⑮回身向前行步时左掌外摆，掌心向外，右掌姿势保持不变，眼睛注视左掌方向。

⑯右脚向右前方迈步，两掌外旋向前推出，左掌掌心向前，右掌贴于左肘部，眼睛注视左掌方向。

正面视角

⑰两掌姿势保持不变，上身向左上方摆动，眼睛注视左掌方向。

⑱随之左掌内旋，置于头顶上方，右掌姿势保持不变，上身向右侧旋转，右掌姿势不变，移至左腋下，右腿屈膝，右脚点地，靠近左脚内侧。

⑲右脚向右前方外摆，上身继续向右拧转，两掌随转体而摆动，姿势保持不变。

⑳继续向右拧腰转体，左脚撤步，两掌姿势不变，眼睛注视右后方。

㉑随之重心转向左脚，上身向左拧腰，左掌随拧腰向左前方平摆，掌心斜向上，眼睛注视左掌方向。

七星桩（左）

动作精要

· 动作要快速、灵活、连贯，精神要集中。

· 以腰部拧劲带动身体转动，撤步要快速。

㉓左脚向前踏步，上身随之挺身，两掌向前上方推举至在胸前交叉，左手在下，右手在上，同时右膝屈蹲，左脚面绷直，脚跟着地，脚尖翘起，眼睛注视前方。

㉒向右回身转体，上身向下倾，右掌随之向前下方下落至与右膝平，左掌外摆至左腿外侧，眼睛注视前下方。

· 第八桩——七星生八卦

过渡式

①承上式，左手由掌变拳，以肩肘的力量向斜上方顶，右手随之握住左腕处，贴左耳，同时左脚外摆，全脚点地，右脚脚尖点地，两膝交叉向下叠坐，臀部接近于右小腿处，眼睛注视右肩方向。

②向上挺身立起，左腿独立，右腿提起向右侧踹出，两掌姿势保持不变，眼睛注视右前方向。

③

③右脚向左脚前方外摆，脚跟内侧向前，随之身体向前向下倾，左拳向左前下方冲出，拳锋向下，右掌随之贴于左肘内侧，眼睛注视左拳方向。

④

⑤

侧面视角

④左脚向左前方迈一大步，屈膝下蹲至大腿与地面平行，左拳随之向右前方横击至左前方，拳锋向前，右掌姿势不变，眼睛注视左拳方向。

⑤右脚向前蹭步，两膝姿势不变，同时左拳松开变掌，贴于右肘部内侧，右掌握拳，经左肘向前方穿出，眼睛注视前方。

⑥身体微向上提，向左侧拧腰，右脚向后撤步，右腿屈膝，脚尖点地，左掌变拳，与右拳拳锋相对至左斜上方，眼睛注视前下方。

⑦右脚向外摆，右臂内旋，左臂外旋，两拳变掌，向上插伸，两掌心均朝上，眼睛注视右肩方向。

⑧右脚向里成扣步，左脚随之向右脚前方内扣，同时右掌继续内旋至右肩上，掌心向外，左掌向下落，眼睛注视左掌方向。

动作精要

· 扣步摆步要分清，脚步移动灵活。

· 身体尽量保持放松，掌指要有劲。

⑨右脚继续向左脚前外摆，右掌外翻举至头顶，掌心向上，左掌下落至腹前，眼睛注视前下方。

⑩左脚向前向内扣，右脚脚尖朝前方，同时右掌内翻至掌心向下，位置不变，左掌姿势保持不变，眼睛注视前下方。

⑪上身向右拧腰，同时向左脚前外摆，两臂同时平举至两侧，掌心朝上，注视右掌
方向。

⑫身体继续右转，两脚不停地走转，一个摆步，一个扣步，要走两摆两扣，两掌姿势
不变。

⑬向下俯身，两掌向下按地，两掌指相对，上身与两腿均保持挺直。

⑭借两掌按地的反弹力，原地向上跳，两掌、两脚均在空中向外出击。

八卦桩

⑮落地时再次向下俯身，两掌按地，两掌指相对。

⑯随之向后仰，两掌姿势保持不变，用力向上绷举，掌心向上，眼睛注视天空。

收势

动作精要

· 收势要稳，身体保持放松，呼吸要平稳。

⑰两膝微屈，身体向下蹲，两掌姿势不变，向下内旋至两侧腰部，掌心向下。

⑱起身并步，身体挺直，两脚并拢，两膝相靠，两掌经体前缓缓下落至身体两侧，收势完成。

第三章

八卦游身连环掌
二十四式

3.1 第一式——乌龙翻江

扫描二维码
跟练正确动作

①预备式：自然站立，手臂向下垂落于身体两侧，全身放松，眼睛注视前方。

②两手经体侧上抬，眼睛看左手方向。上身右转再左转，同时两手逐渐下落。眼随身体转动目视前方。

③两腿屈膝下蹲，两手自上向下，经胸部回收，下按至腹前。身体抖动，站定。

正面视角

④－⑤双脚未动，两臂从前向后弧形画圈，在体后变掌为拳从腰侧向前推出。两臂抬至与肩高，两拳变掌。左脚先迈步，右脚跟上，沿圈逆时针行走，两臂再逐渐张开。

步骤 1 ~ 5 连贯动作

3.2 第二式——青龙转身缠手

扫描二维码
跟练正确动作

①承上式，向左行走一步，同时右臂翻掌内旋，左臂收掌变拳。

②动作不停。向右拧腰转体，左臂屈肘于胸前，掌心向外，指尖于右肘下，右臂上举于右前方。

③两腿沿顺时针方向行走，左臂保持不变，右臂屈肘经头顶绕至左肩向右上方推掌。

④扣左脚，左掌贴于右肘下，右臂向内旋至掌心朝外，指尖朝上，沿顺时针方向行走半圈。

⑤接着向右侧拧腰转体，右臂外旋经身伸直，掌指向斜下方，左掌姿势保持不变，眼睛注视前方。

步骤 1 ～ 5 连贯动作

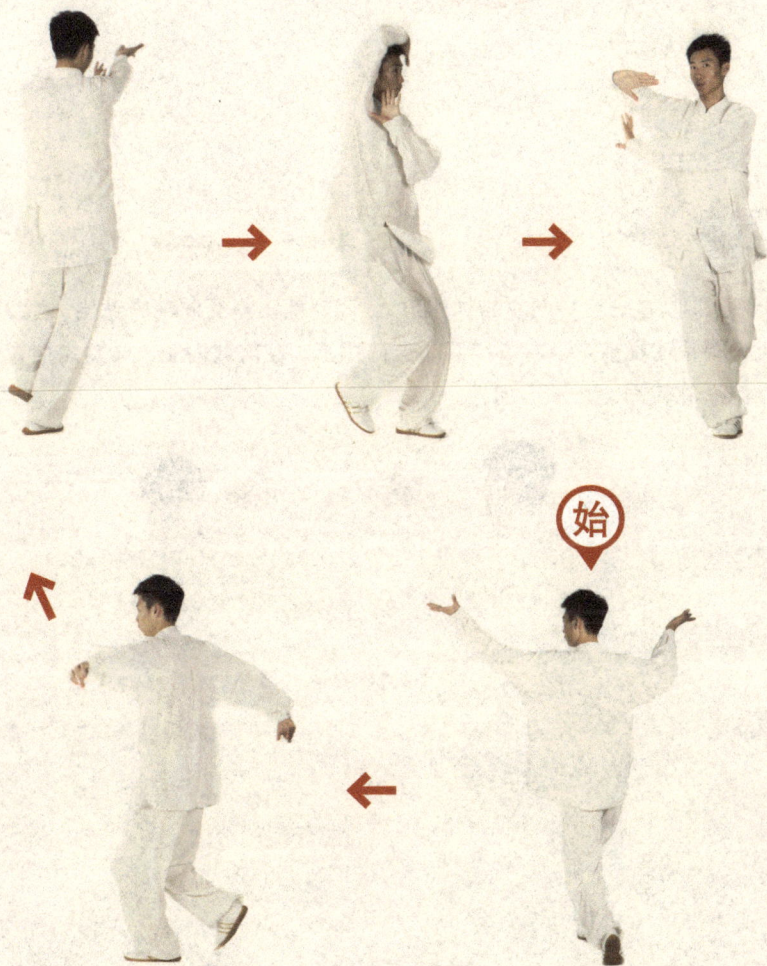

⑥－⑦上左脚，以右脚为轴向右转体180°，同时两掌交叉向前方钻出，右掌贴于左掌上，掌心向上，眼睛注视前方。左脚向圆心方向摆步，左前臂内旋，弯臂屈肘置于头部左侧，右手贴腰向后旋转而出，掌心向外。

⑧接着右脚向右侧迈步，重心右移，右腿屈膝下蹲成右弓步，右臂随身体转动外旋且右手举至右肩上方，左手外旋向外展，掌心翻上。

⑨左脚向右斜上方外摆，右臂内旋，手腕从身前下侧翻出，掌心朝下，左臂外旋，左手向内翻至头部左侧，掌心向下。

正面视角

⑩左臂内旋向外翻转，掌心朝外，向后伸展，右臂外旋，右手向下外方缠进右肩上，重心前移，掌心向内，眼睛注视右掌方向。

⑪身体上前，重心前移，左掌向外翻掌，掌心向上，右掌经身前向右侧腰部下穿，眼睛注视前方。

⑫右脚上前向右侧迈一大步，同时右臂向右侧水平伸出，眼睛注视前方。

⑬

正面视角

⑬向右拧腰转体，重心移至右腿，屈膝下蹲，左腿挺直，同时右臂向前伸出，左臂经后方外展，掌心向外，眼睛注视右掌方向。

步骤 6 ~ 13 连贯动作

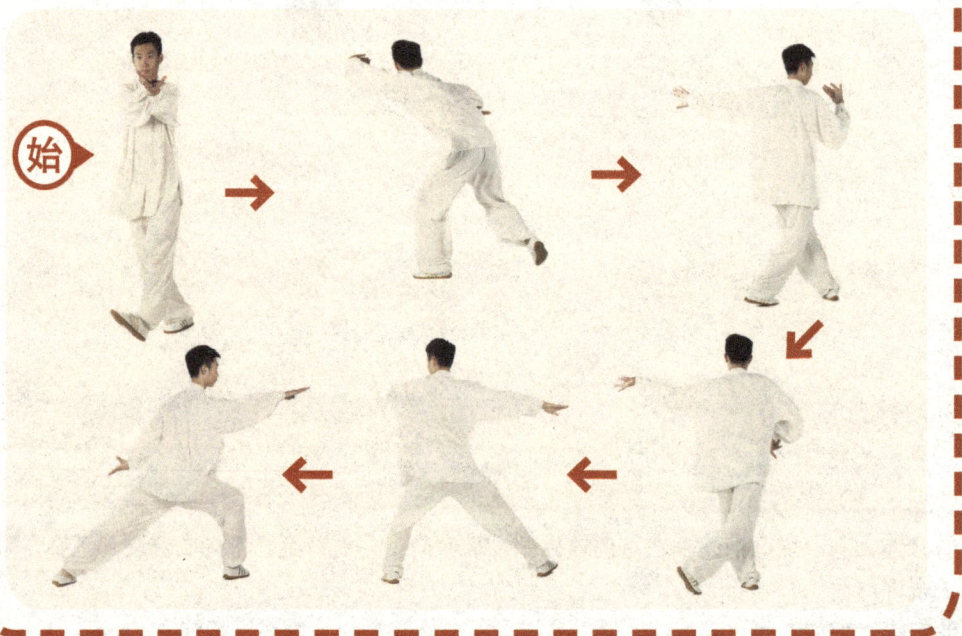

始

3.3 第三至四式——乌龙摆尾插掌

①

扫描二维码
跟练正确动作

①承上式，向左拧腰转体，两掌随转体而摆动，眼睛注视前方。

②

③

②左臂向后，然后右掌翻上，重心向右前方移，两腿屈膝微下蹲，目视右掌方向。
③左脚向左侧上步，上身左转，重心向左移。

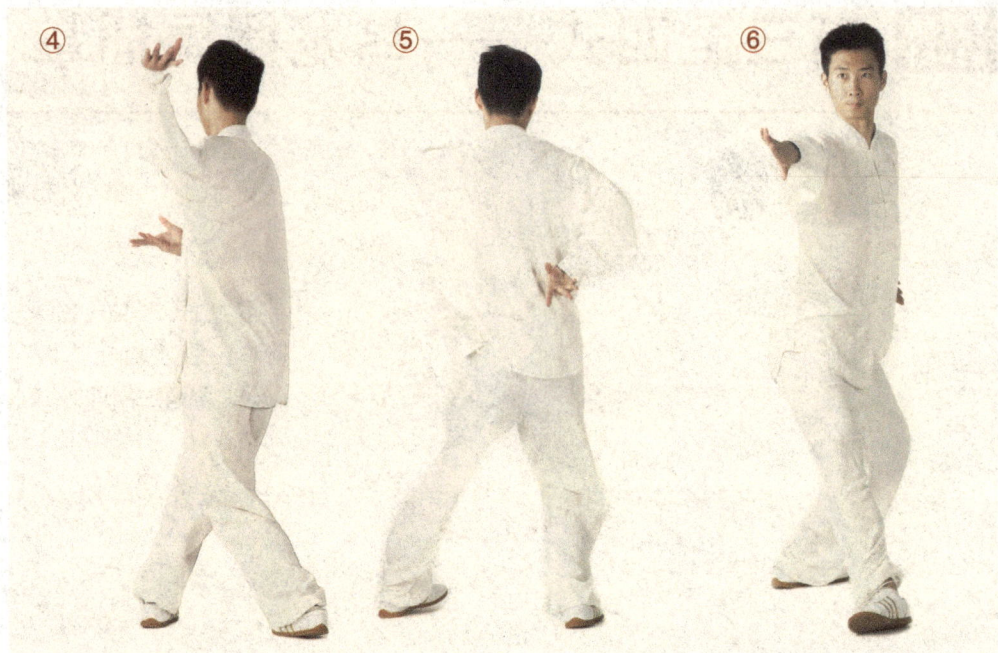

④右脚摆至左脚前，左臂外旋且左手翻至左侧上举，右臂外旋并屈肘于胸前，小指外侧向身体内侧，眼睛注视前方。

⑤左脚向左迈步，右臂内旋至右侧腰部，掌心翻上，左臂屈肘，左手经胸前下落，眼睛注视前方。

⑥向后拧腰转体，随之右脚上前外摆，右臂内旋向右前方斜伸出，眼睛注视右掌方向。

动作精要

· 动作要连贯，脚步要清楚，速度要快，精神要集中。

· 插掌时两臂贴紧，相错而有力。

⑦继续向右拧腰转体，左脚上前，右前臂内旋至与右肩平行，右掌心向下，左掌从左侧腰部后向右上方伸出，左掌心向上，与右臂上下相对。眼睛注视前方。

步骤 1 ~ 7 连贯动作

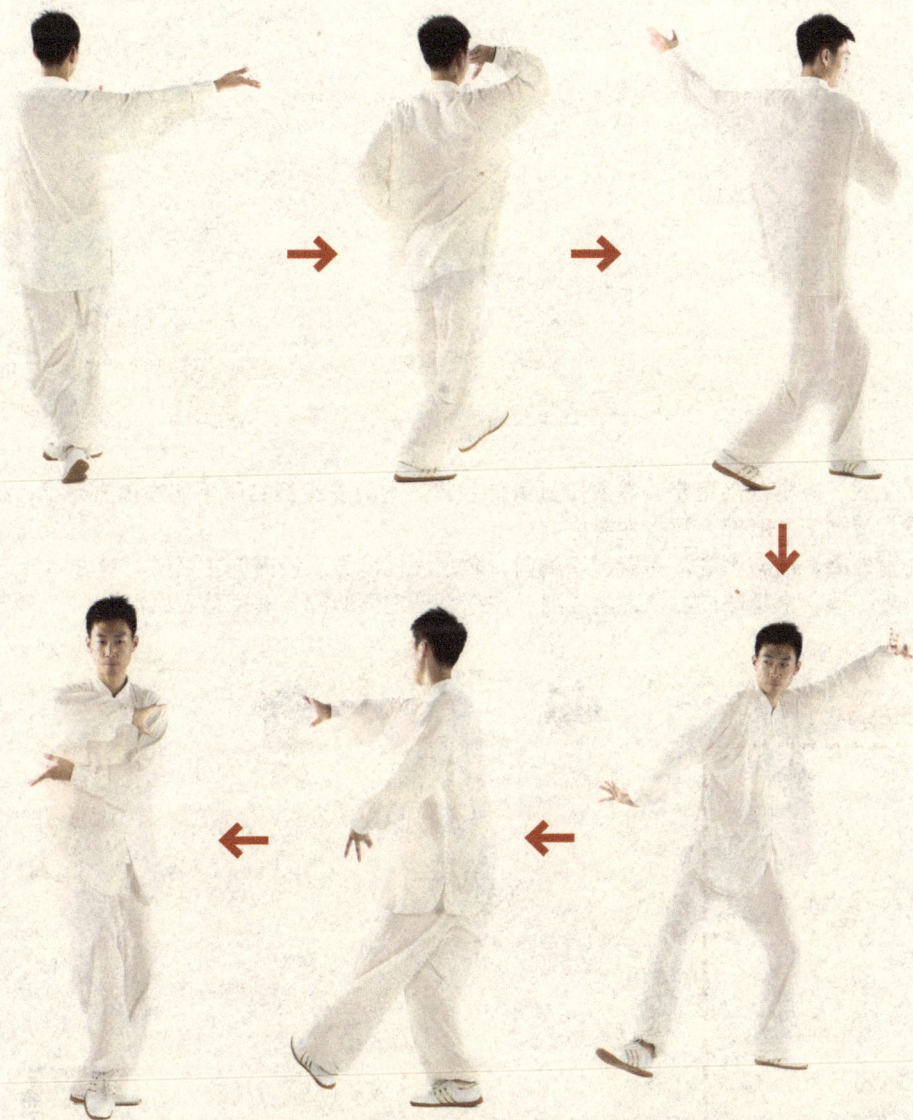

3.4 第五式——翻身

扫描二维码
跟练正确动作

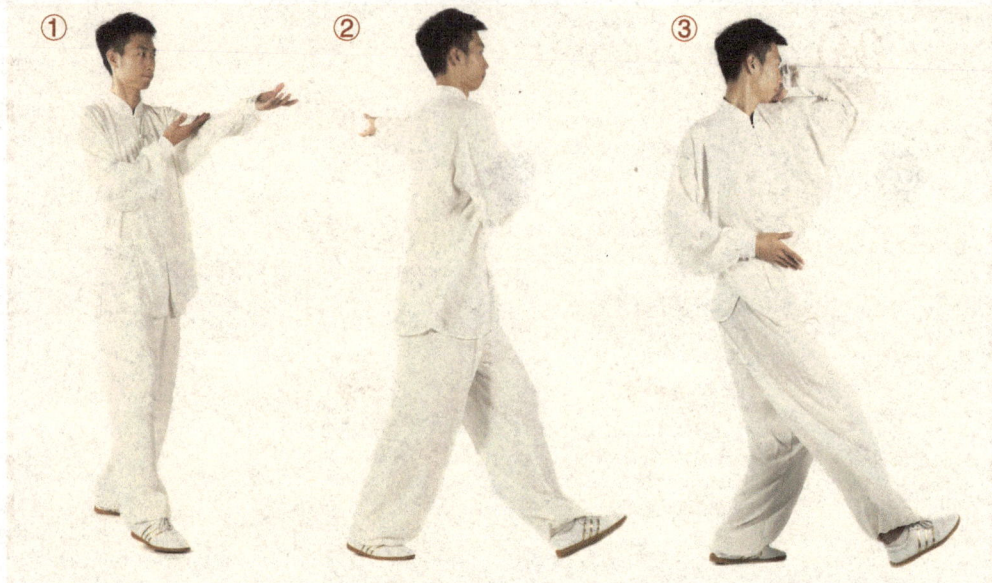

① 承上式，左脚向前迈步，右脚跟进身体左转。同时左掌经右腋下向左前方伸出，随之右掌掌背贴于左肘部，目视左掌方向。
② 左臂外展，高与肩齐，右臂置于胸前，眼睛注视前方。沿圈向左沿逆时针方向行走。
③ 脚步不停，上身略向右，左臂屈肘，左手贴于左侧脸部，右手落至腰部。

正面视角

④ 向左侧转体，左肩随之下沉，左臂内旋划至右侧腰部，五指张开，眼睛注视左肩方向。
⑤ 脚步不停，左臂向身体左侧外摆，掌心向下，右掌姿势保持不变，目视前方。

⑥向左拧腰转体，左臂屈肘内旋至与头高，右臂随之外翻平举，掌心向上，目视天空。

⑦重心左移，随之转身。同时左臂弯臂屈肘外旋至头顶，掌心向上，右臂姿势保持不变，眼睛注视前方。

⑧左脚上前，屈膝成弓步，右腿伸直，右掌姿势不变，左臂伸至与右臂成同一水平线，眼睛注视左掌方向。

⑨－⑩右脚向前迈步，左臂弯臂屈肘置于胸前，掌心向下，右臂弯臂屈肘至头顶。眼睛注视前方。右脚踏实，重心前移，左脚尖外摆，左臂向左下方伸直，左掌心向上，右掌向前平行推出，与头部同高，掌心斜向下，眼睛注视右掌方向。

步骤 1 ~ 10 连贯动作

3.5 第六式——抽身换影

扫描二维码
跟练正确动作

①－②承上式，身体向左拧腰转体，左臂向前翻动，掌心向下，右臂经身后外展伸直，眼睛注视前方。重心向前移，身体前倾，左腿屈膝，右腿绷直，同时左臂翻掌掌心向下，右臂保持伸直落至右侧大腿外侧。

③重心略向上提起，同时右臂屈肘至右腰侧，掌心翻上，左臂提起向前伸，左腕屈曲，掌心向内，眼睛注视左掌方向。

④－⑤保持身体稳定，左腿保持屈膝，右腿脚尖向上踢出至与肩同高，同时两臂内旋向前交错，掌心均向上，右手前伸触碰脚尖。右腿落地，两手保持不变，身体顺势向右侧转体。

⑥　⑦　⑧

⑥右脚尖外摆，身体继续右转。右手收至右肩上，掌心向上，左手贴于右手腕处。

⑦向右侧拧腰转体，右臂画弧向前方推出，左掌心贴于右掌背，眼睛注视两掌方向。

⑧继续向右转体，左脚尖向里扣步，同时左臂屈肘于胸前，掌心向下，右臂弯曲置于右腋下，掌心向内。眼睛注视右前方。

步骤 1 ~ 8 连贯动作

始　→　→　→　→

⑨

⑩

正面视角

⑨转体一周后，重心右移，两腿屈膝向下蹲，右臂经胸前向右穿出，双臂前伸，双手掌心向下。眼睛注视前方。

⑩上身左转，同时两肘向身前里合。然后左臂屈肘外旋外展至左肩齐，掌心向上，眼睛注视左掌方向。

⑪

⑫

动作精要

·动作要连贯完成，速度要快，手脚齐动，按掌用力。

⑪左脚外展，以左脚为轴身体顺势左转180°。双臂从左侧向右下方画弧，再移至左侧。左臂内旋向身后伸展，掌心向外，右臂屈肘于胸前，眼睛注视前方。

⑫继续向左侧转体180°，眼睛注视前方。

⑬

⑬左脚踏实，左腿朝前伸直，右腿屈膝，左臂向前伸出，右臂从左腋下穿出，掌心均向上，眼睛注视前方。

步骤 9 ~ 13 连贯动作

始

3.6 第七式——掩手

扫描二维码
跟练正确动作

①　　　　　　　　　　　　②

①－②承上式，右脚进步，沿右侧顺时针方向行走。右臂外旋向右前方伸直，左臂屈肘，掌心贴于右臂肘部，右掌心向上，眼睛注视前方。

③

正面视角

③沿圈行走半圈后，身体向后倾，右臂屈肘并内旋，经胸前向头顶画圈，掌心向前，左掌姿势保持不变，眼睛注视前方。

④

④右臂经头部上方弧线运动，右掌掌心朝上向前伸出，左掌姿势保持不变，眼睛注视前方。

步骤 1 ～ 4 连贯动作

始

3.7 第八式——狮子滚球

扫描二维码
跟练正确动作

①承上式，左掌经体前向前伸出，置于右掌下，眼睛注视前方。

②-③动作不停，向右侧转体，左臂在体侧伸直与肩同高，掌心向上，右臂向后勾手，屈肘背于侧腰后，目视右肩方向。继续向右侧转体，保持两掌姿势不变，目视前方。

背面视角

④-⑤以右脚为轴原地转身一周，左脚踏实右脚扣步，向左拧腰转体，同时左臂向下背于侧腰后，掌心向外，右臂向斜上方穿出，掌心向前。向左侧沿圈行走半圈。

⑥左脚踏实后右脚跟进，向左拧腰转体一周，过程中两臂向两侧打开，眼睛注视前方。

⑦随之，上体右旋，两腿保持不动，右臂外旋向后伸直，掌心向下，左手向右下方砍掌，目视右手方向。

步骤 1 ~ 7 连贯动作

3.8 第九式——双扑

①-②承上式，上体左旋，同时两臂向前穿出，眼睛注视前方。

动作精要

· 此时动作要连贯，扑掌要有力。

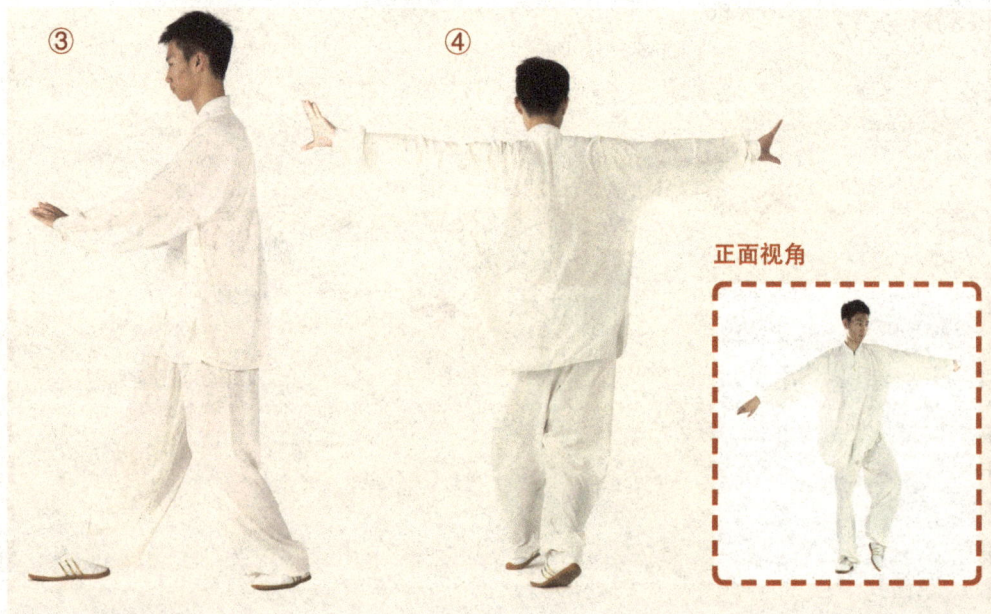

正面视角

③-④右脚踏实，左脚跟步，屈膝，上身保持挺直，向右侧转身行走。同时向右拧腰转体，两臂外旋伸直在同一水平线，高与肩齐，眼睛注视前方。

⑤

⑥

⑦

⑧

⑤-⑦继续向右拧腰转体至180°，同时两臂内旋贴于腰部两侧，眼睛注视前方。右腿迅速向前迈步，两臂前伸平举，掌心向前，眼睛注视前方。

⑧以左脚为轴，向左转体180°。两臂内旋屈肘，经头后向前伸出，掌心向外，眼睛注视前方。

步骤 1 ~ 8 连贯动作

3.9 第十式——撞搓

扫描二维码
跟练正确动作

① ②

动作精要

·转体灵活，双撞有力。

①承上式，身体快速向后转体，左脚尖外摆，向左转体。过程中两前臂外旋并向后伸直。
②以右脚为轴，身体继续向右拧腰转体一周半，左脚踏实，同时两手翻转下沉，掌心翻上，回收于两侧腰间。

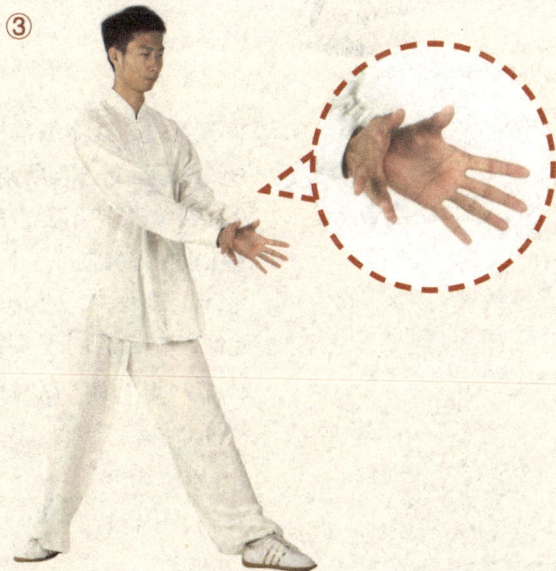

③

③继续向右转体，左脚前伸踏实。同时两手五指张开向前下方伸出，腕部紧贴，掌心相对，眼睛注视前方。

步骤 1 ~ 3 连贯动作

3.10 第十一式——云片

扫描二维码
跟练正确动作

①承上式，身体继续向右侧沿顺时针方向行走。两掌姿势保持不变，眼睛注视两掌方向。

②行走过程中，上身向后仰，右臂屈肘至头部前，掌心外翻，左臂向前向上伸直。

③　　　　　　　　　　　　④

动作精要

· 动作要连贯，精神要集中。

· 肩要沉，注意身体平衡，发力要完整。

③动作不停，右脚上前，上身保持后倾，同时左臂外旋，向后伸展。随之，右臂向前伸展，目视右掌方向。

④重心前移，左脚上步踏实，左腿屈膝。右臂后撤，左臂内旋向前伸出，掌心向前。

步骤 1 ～ 4 连贯动作

始 ➡ ➡ ➡

3.11 第十二式——乌龙绞柱背钻

① ②

①-②承上式，顺时针行走，同时向右拧腰转体，左臂外旋并向左侧伸直，右臂内旋屈肘置于腰后，眼睛注视前方。

③ ④

③转体半周后，向前直行，右臂前伸，左臂屈肘，左手置于右腋处，随后双臂交换前后位置。

④行走至起始位置后，向左转体，同时右臂外旋并向右侧伸直，左臂内旋屈肘置于腰后，眼睛注视前方。

步骤 1 ~ 4 连贯动作

3.12 第十三至十四式——云龙反背

① ② ③

扫描二维码
跟练正确动作

①承上式，左脚上前，左臂外旋伸直，掌心向上，右手继续向后插伸直，目视左手方向。

②－③左脚向前迈步，身体向左转体一周，右臂屈肘收于腰侧，右脚上前，左手勾手顺胸前旋至左腋下，掌心向上，眼睛注视前方。继续向左拧腰转体，右脚进步。同时左手旋至头顶，掌心向前，随之右掌经胸前向左插出，掌心向上，两臂稍屈，眼睛注视左掌方向。

④ ⑤

动作精要

· 运动过程中始终保持两掌心向上，运动要连续不断。

④－⑤左脚尖外摆踏实，再次向左转体一周。两臂经胸前交叉，眼睛注视前方。

⑥

⑦

正面视角

⑥－⑦向左转体，两手握拳，两腿微屈膝，左脚尖稍向外展。右脚上步，脚尖向内扣，左脚向左侧迈步同时两拳向外打开形成弓状，目视左手方向。

步骤 3 ~ 7 连贯动作

始

3.13 第十五式——夜叉探海

扫描二维码
跟练正确动作

①承上式，重心缓慢移至左脚，同时右臂向下伸展，左臂弯曲回收，掌心向下，目视左手方向。

②重心向后移，左腿前伸，右腿屈膝，身体后坐。同时右臂经头上弯肘，左臂贴于左侧，眼睛注视前方。

③上式不停，右腿屈膝，身体重心向下坐，同时右臂收于体侧，左臂向前伸直，眼睛注视前方。

④重心移至左腿，左腿屈膝，右腿稍弯曲，左臂屈肘向前，掌心向下，眼睛注视前方。

⑤重心移至左腿，身体上前，右腿屈膝上抬，置于左膝部，右臂向前伸直，掌心向前，左臂经身体左侧下方，掌心向下，目视右掌方向。

⑥身体迅速向右转体180°，左腿支撑身体重心，同时身体向后躺，随即右脚伸直向上方踢出，同时左臂向前伸展，掌心向上，右臂外旋屈肘向后伸出，掌心向上，眼睛注视左掌方向。

⑦—⑧重心前移，左掌外旋举至头顶上方，掌心向上，右臂屈肘至右侧腰部。右脚脚尖点地，落于身体右后方。同时左臂外翻，掌心向上，右臂伸直贴至大腿外侧，眼睛注视前方。

步骤 1 ~ 8 连贯动作

3.14 第十六式——盖身

扫描二维码
跟练正确动作

①

动作精要

· 此式动作要连贯，摆扣步要清楚。

①承上式，身体向右侧转体。左臂内旋上举至头顶，右臂屈肘置于腰侧，目视右手方向。

② ③

②继续向右转体，右脚屈膝，左脚跟步，右臂经胸前向左腋下穿出，掌心向上，左臂外旋向左侧伸直，掌心向上，眼睛注视前方。

③向右转体，右前臂内旋，右手撤于右侧肋部，勾手屈腕，掌心向外，左脚迁回扣步，回旋一周后扣回原位，左前臂内旋，左手经头上向下盖掌，掌心向外，眼睛注视前方。

④

⑤

④－⑤右脚外摆，支
撑身体重心，身体持
续右转一周。身体略
向前倾，同时左臂外
旋举至头顶上方，掌
心向上，右臂屈肘别
于后背处。

⑥

⑦

⑥右脚向一侧迈步，重心向右移，两腿屈膝成马步，同时左臂外旋向后伸展，掌心向
上，右臂向右腿方向伸直穿出。
⑦重心向上提起，左腿伸直，右腿向前屈膝，右臂向前伸直，高与肩齐，目视右掌
方向。

步骤 1 ~ 7 连贯动作

3.15 第十七式——摇身

扫描二维码
跟练正确动作

①承上式，身体重心稍提起，两掌姿势保持不变，眼睛注视右掌方向。

②身体向右拧腰转体，左脚上前，右臂外翻上举至头顶上方，左掌别于左腰后，眼睛注视前方。

正面视角

③上式不停，左脚落地，右腿屈膝支撑身体重心，左腿伸直，右掌向斜上方伸直，左臂向左下方伸直，掌背贴于左侧大腿，眼睛注视左肩方向。

④动作不停，重心向左移动，两腿屈膝成马步，右臂内旋，右手经上向后画弧摇掌至右腿外侧，目视左掌方向。

⑤  ⑥

⑤上式不停，挺身立起，向左转体，左腿弓膝，右臂画弧向下摇至体侧，左臂随之向上摇，眼睛注视前方。

⑥继续沿圈向左侧行走，右脚进步，右前臂外旋至右肩上方，同时左前臂内旋自上而下画弧摇掌，掌心向下，目视左肩方向。

动作精要

· 此式动作要连贯，转体速度要快，两手摇动要随和。

· 发力要完整，精神要集中，两手下摇时手位要低于膝。

⑦  ⑧

⑦继续行走，左臂屈肘向上画弧，右臂伸直向下画弧，直至大约与肩部持平，眼睛注视前方。

⑧保持双臂姿势不变，以左脚为轴，逆时针转体。

125

⑨－⑩转体一周后，双臂向左移动，之后左臂伸直，右臂屈肘，双臂再从左向右弧线移动。

⑪保持双臂姿势不变，以右脚为轴，顺时针转体。

⑫转体一周后，双腿呈马步，重心稍偏向右侧，同时右臂屈肘上抬至肩部高度，右掌心向外，左臂向前下方伸直，左掌心向右。

3.16 第十八式——掖掌

动作精要

· 转体要快，发力要整，摆扣步要清楚。

①－②承上式，双脚位置不动，身体向左偏转，重心向上、向左移动，双臂随身体向左画弧，直至左臂移至身体左侧，右臂水平贴近胸前。

③－④重心右移，以右脚为中心向右拧腰转体，左臂伸直上抬并屈肘，右臂屈肘后右手经腋下向身体右侧后方伸出。

⑤

⑤转体一周后，左脚踏实，右脚上前一步，右臂外旋并水平前伸，右掌心向上，左臂屈肘，左手从腋下沿右臂下方向前移动，直至双腕相贴。

步骤 1～5 连贯动作

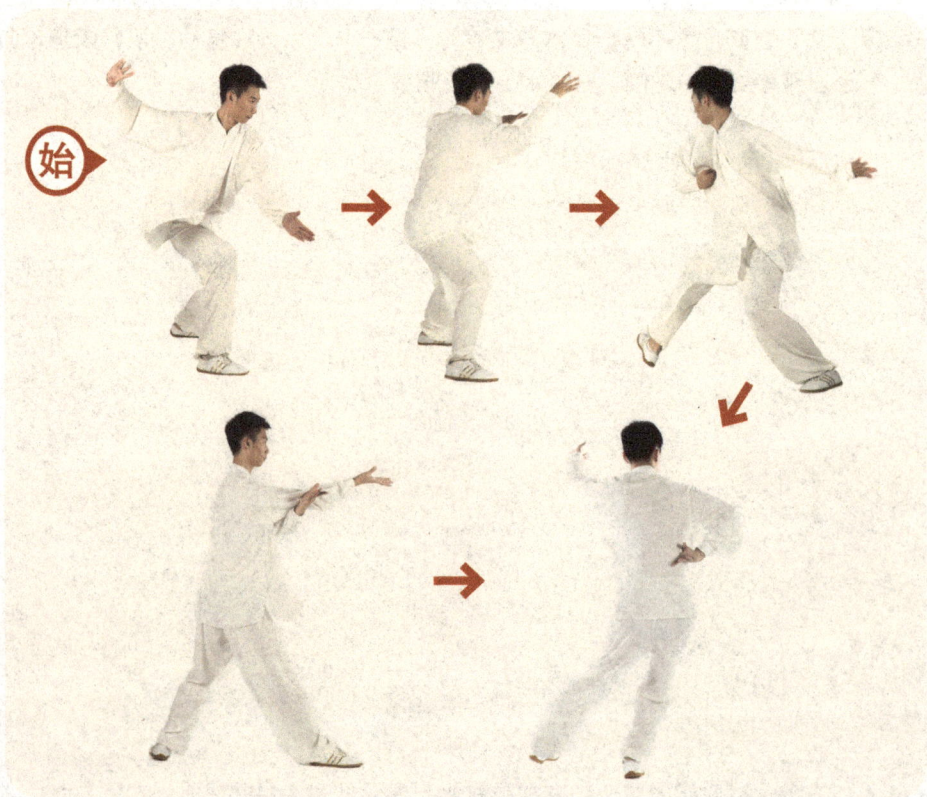

始

3.17 第十九至二十式——游身回身

① ②

正面视角

① - ②承上式，顺时针行走，同时左臂向前伸直，右手回撤，前臂外旋，掌心翻上，撤至左肘上部，注视左掌方向。

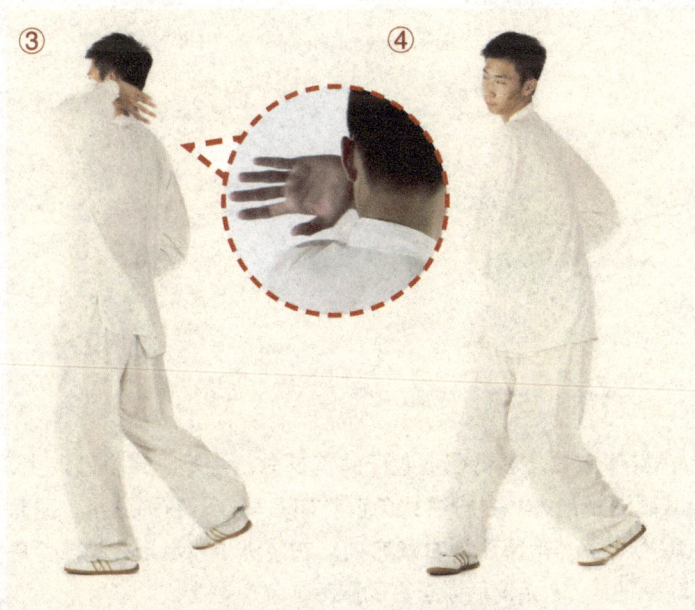

③ ④

③左脚上前，身体向右侧扭动。同时左臂屈肘，掌心贴至左耳处，右手撤至右肋，掌心向外，眼睛注视前方。

④动作不停，右脚摆步，同时左手下沉画弧，自下而上撩掌，掌心向后，眼睛注视前方。同时上身向左侧偏转。

⑤

⑥

动
作
精
要

·掩肘、挑掌
动作要连续。

·以腰带臂，
以臂带手，精
神集中。

⑤动作不停，左脚进步，右手从左臂下穿掌，掌心向下，同时左前臂外旋，掌心向上，眼睛注视前方。上身向左手边偏转。

⑥接着右脚向前进步，同时上身向右手边偏转，左臂屈肘，左手下撤，位于胸前，掌心向上，右臂外旋后伸，掌心翻上，眼睛注视前方。

⑦

⑧

⑨

⑦－⑨动作不停，右脚上步，身体右转。右臂屈肘收于胸前并外旋上举，掌心斜向上，左臂收于腰侧，掌心向上，眼睛注视前方。右脚继续向前，向右转体，右脚进步，略微屈膝，右手随势向前伸出，掌心向上，眼睛注视右掌方向。左脚进步扣步于右脚前，身体继续右转，左手外翻举至与头同高，右手向后撤至右侧腰际，掌心翻上。

⑩

其他视角

⑩上式不停，向右手边拧腰转体，右脚上前，与此同时两掌同时向身前推出，掌心向前，眼睛注视前方。

步骤 1 ～ 10 连贯动作

始

131

3.18 第二十一式——旋风

扫描二维码
跟练正确动作

动作精要

· 此式动作要连贯，转体速度要快，摆扣步要清楚。

①承上式，左脚尖外摆，向左转体。同时右前臂外旋，掌心翻上，左臂内旋，左手伸于右肘下方，眼睛注视前方。

②上式不停，左脚踏实脚尖外摆，向左转体，左臂外旋向前方伸出，掌心翻上，右臂屈肘，右手置于左肩部，眼睛注视前方。

③上式不停，继续向左转体。右手经身前画弧置于右侧腰间，左臂伸直与肩部齐平，眼睛注视前方。

④上式不停，继续左侧转体，右臂内旋至左肩，肘部弯曲，掌心向下，眼睛注视前方。

⑤动作不停，向左转体，同时两臂外旋向两侧伸展，肘部弯曲，眼睛注视前方。

步骤 1 ~ 5 连贯动作

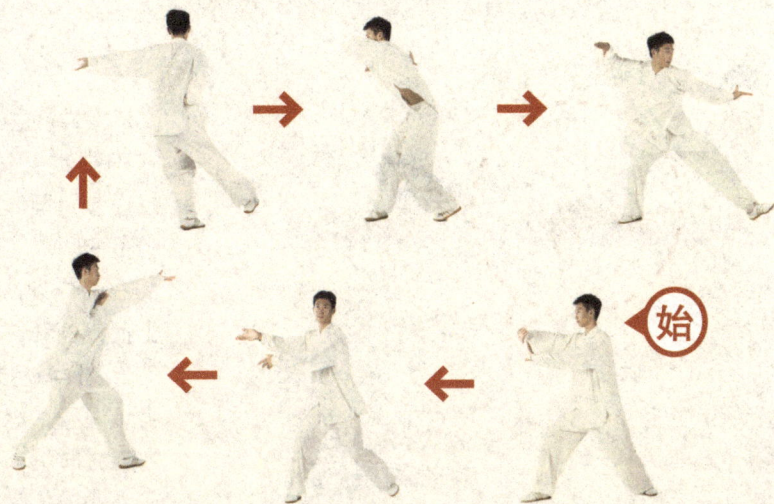

⑥继续向左拧腰转体，同时左手立掌上穿，掌心翻上。右手贴于左腋下，眼睛注视前方。

⑦继续向左转体，右臂上穿，掌心向上，左手随转体而贴于右腋下，眼睛注视前方。

⑧继续向左转体，左脚进步，同时上身姿势保持不变，眼睛注视左肩方向。

3.19 第二十二式——海底捞月

扫描二维码
跟练正确动作

① ②

①承上式，重心左移，右脚进步至左脚旁，成虚步，同时两臂姿势不变。

②右臂内旋，右手自上而下画弧，掌心向下，左臂向左方画弧，身体下蹲，眼睛注视右肩方向。

③ ④ ⑤

动作精要

· 各式之间要连贯，不要明显发力，要用暗力与引力。

③动作不停，右脚向一侧迈步。身体向右拧腰，右手紧随转体向右后方画弧斜捞，掌心向外，右臂稍弯曲，左前臂内旋至前上方，掌心向上，眼睛注视前方。

④右脚踏实，左脚收于右脚旁，脚尖点地。同时右臂向内旋至右斜上方，随之左臂画弧向下伸展，眼睛注视前方。

⑤左脚落地踏实，身体下蹲，成右弓步，左臂外旋于左腿上方，掌心向下，同时右手上扬，眼睛注视左肩方向。

⑥ ⑦

⑥-⑦重心前移，右脚进步，脚尖点地，左臂举至左侧头顶上方，右臂下垂，自下而上画弧向上挑掌，眼睛注视右掌方向。

步骤 1 ~ 7 连贯动作

始

3.20 第二十三式——风轮

扫描二维码
跟练正确动作

① 承上式，右脚尖外摆，双臂同时内旋，向上托掌，身向后仰，两手手指相对，掌心向上，两臂成弓形，眼睛注视前方。

② 右脚外摆，向右转体，上身向下屈身，同时两臂向后外旋呈同一直线，眼睛注视前方。

③继续向右转体，同时两臂屈肘内旋至身前，掌指相对，眼睛注视前方。

④继续向右转体，左掌随转体举于斜上方，身体稍向后仰，两膝弓起，眼睛注视右肩方向。

⑤继续向右转体，重心右移，身体前倾，右臂外旋，与左臂呈同一水平线，掌心向外，眼睛注视右肩方向。

⑥

⑦

⑥动作不停，继续向右侧转体，身体上抬，右臂内旋划至右肩上方，弯臂屈肘，左臂划至左下方，眼睛注视前方。

⑦向右转体，身体后仰，同时左臂外旋上举，掌心翻上，右臂贴于右侧腰间，眼睛注视前方。

⑧

⑨

⑧动作不停，身体继续转动，同时两臂外旋，掌心向外，右眼睛注视前方。

⑨继续向右转体，左手随转体收于左下方，右臂外旋向前伸直，掌心向前，眼睛注视前方。

⑩ ⑪

动作精要

· 动作保持连贯，注意发力，身体注意保持平衡。

⑩上式不停，向右转体，右手向上托掌，左臂屈肘，左手置于右腋，眼睛注视前方。

⑪继续转体，左手向上托掌，右臂屈肘，右手置于左腋，眼睛注视前方。

步骤 1 ~ 11 连贯动作

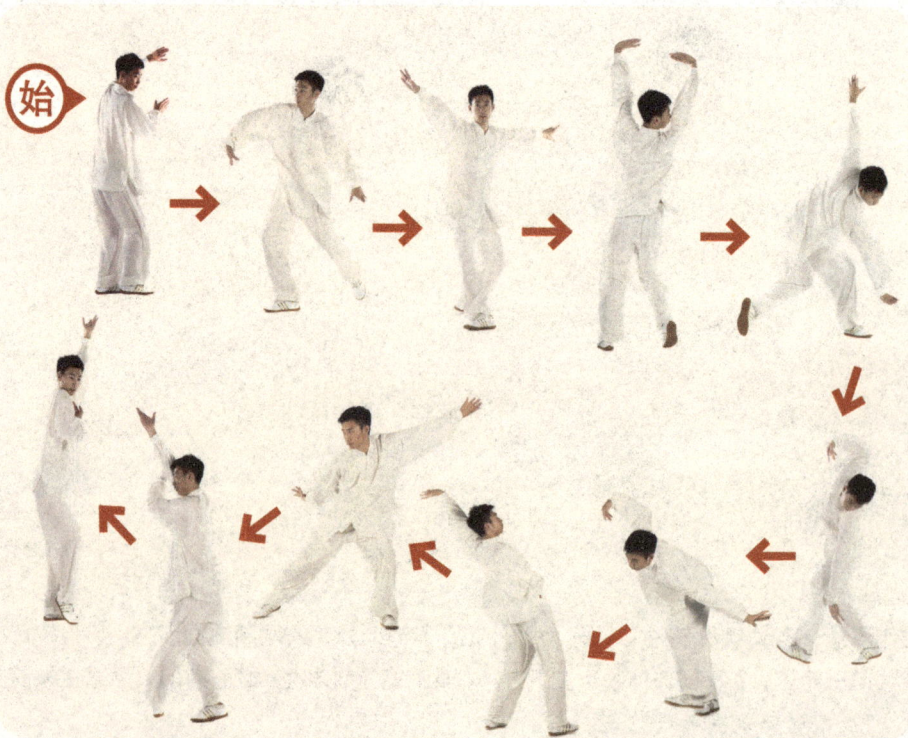

始

3.21 第二十四式——燕子抄水

扫描二维码
跟练正确动作

①承上式，向右转体，同时右臂随转体内旋下撤，左臂内旋，左掌心向外，眼睛注视前方。

②上式不停，右脚向前方迈步，身体下沉，左腿屈膝，右腿伸直，两臂外旋至呈同一直线，右掌背贴于右侧大腿处，眼睛注视前方。

③身体重心平行向前移，向右转体，重心移至右腿，右腿屈膝，左腿稍屈膝，左臂经大腿侧向上伸直，右臂上抬，两肩下垂，眼睛注视前方。

④上身立起，向左转正。两腿同时屈膝成马步，两臂伸直呈同一水平线，高与肩齐，眼睛注视前方。

⑤上身向左转，重心向左移，左腿保持屈膝状态，右腿稍弯曲，左臂屈肘于胸前，右臂随身体向左移动，双手掌心均向下。

⑥动作不停，重心上移，身体向右拧腰转体，右臂随转体屈肘，置于右肩前，左手内旋置于腰部，眼睛注视右掌方向。

步骤 1～6 连贯动作

⑦继续向右转体，左手经身前向右腋下穿出，眼睛注视前方。

⑧上式不停，向左转体，左臂外旋向前伸出，掌心翻上，眼睛注视前方。

⑨向右转腰，左臂屈肘，经胸前向右后方伸出，眼睛注视前方。

正面视角

⑩动作不停，向左拧腰转体，左脚回摆步，眼睛注视前方。

⑪继续向左拧腰转体，右手手指指向左肘，右肘紧贴前胸，左臂内旋向前伸出，掌心向前，眼睛注视左掌方向。

⑫动作不停，以左脚为轴向左侧转体一周，左臂经头顶环绕再向下、向左侧伸出，掌心向左，右手贴于左肘下方，眼睛注视前方。

⑬两臂回撤于两侧腰部，眼睛注视前方。

⑭右脚向前，两脚平行站立，两臂内旋向外伸展，两腿屈膝下蹲，眼睛注视前方。

⑮两臂微屈，双手掌指相对置于腹前，掌心均向下。

⑯身体自然立正，两手垂于两腿外侧，眼睛注视前方。

动作精要

· 动作连贯通顺，身体保持稳定。

· 收势要稳，收势的位置一定要在原起势的位置和面对的方向。

第四章

八卦掌实战演练

八卦掌八式操手

·青龙出水

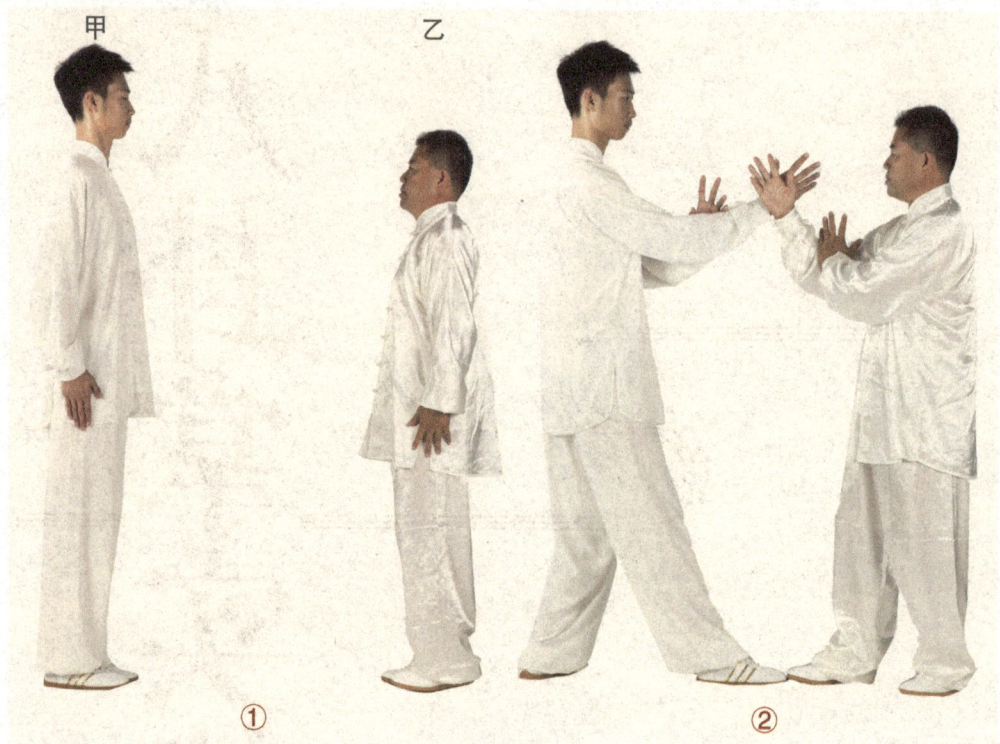

①甲乙双方相对站立，相距约 1 米，目视对方。

②甲乙双方同时上右步、穿右掌，双方腕部或前臂相接，目视对方。

动作精要

·甲乙双方穿掌时要以小指之力向上带动拧劲。

·甲乙双方腕部或前臂接触时要有力量，肩部要下沉，肘关节下垂。

·单鞭沉肘

①

①甲乙双方相对站立，相距约1米，目视对方。

②甲乙双方上右步，脚外沿相贴，乙方肩部与肘部用力下沉压甲方右臂，使其不得上抬。

③

动作精要

·一方练习单臂向下沉劲，一方练习单臂向上掀起对方手臂之抬力。

·甲乙双方可换掌换脚进行反复练习。

③随之，甲方将上抬之臂翻成掌心向上，肩部与肘部用力下沉压乙方右臂，使其不得上抬。

145

·狮子张口

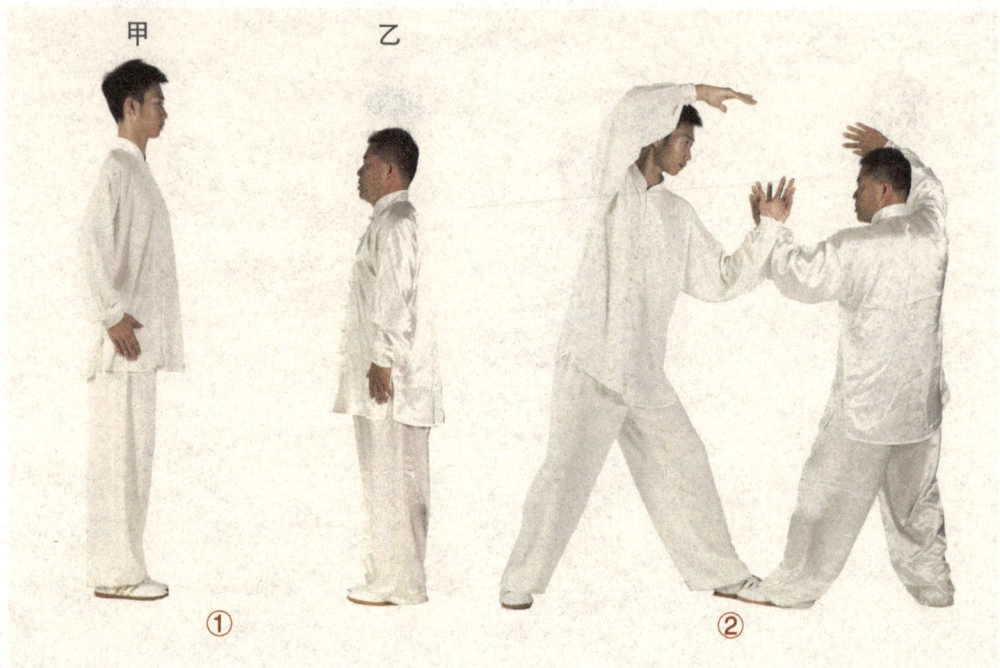

①甲乙双方相对站立，相距约1米，目视对方。

②甲乙双方向身体左侧上左步，同时双方向右拧腰，两掌形如"狮子张口"，双方左掌及左臂相接。

动作精要

·撤步再上一步要一气呵成，两臂相接的掌要用螺旋之劲，同时要有相接之力。

③双方同时向身后撤左脚，在左脚前上右步，再次用"狮子张口"向右拧腰，双方右掌及右臂相接。

·进步肩撞

① ②

①甲乙双方相对站立，距离约1米，目视对方。
②甲乙双方同时进右步，同时右肩向前靠撞。

动作精要

·练习肩靠时两脚要有踩劲。

·肩靠双方都要用力，但要互相借力，不可一方把另一方撞倒。

·霸王请客

① ②

动作精要

·乙方不要把对方捋倒，要互相借力。

·甲乙双方可换手换脚反复进行练习。

①甲乙双方脚尖相对或脚外沿相贴，乙方左手握甲方的左腕部，右掌压甲方的右肘部，向右拧腰捋带。
②乙方用右臂压制甲方上身，使之向后仰，目视对方。

·进步团撞

①甲乙双方相对站立，距离约 1 米，目视对方。

②乙方上右脚，两掌击甲方腹部。

③甲方向后撤右脚并向右拧腰，右手抓握乙方右手腕，用左臂抵挡乙方攻击。

④甲方向乙方右脚外跟左脚，同时两掌掌心向前方乙方推出撞击，目视对方。

动作精要

·甲乙双方要同时用劲，互相借力。

· 迎面挤打

甲 乙

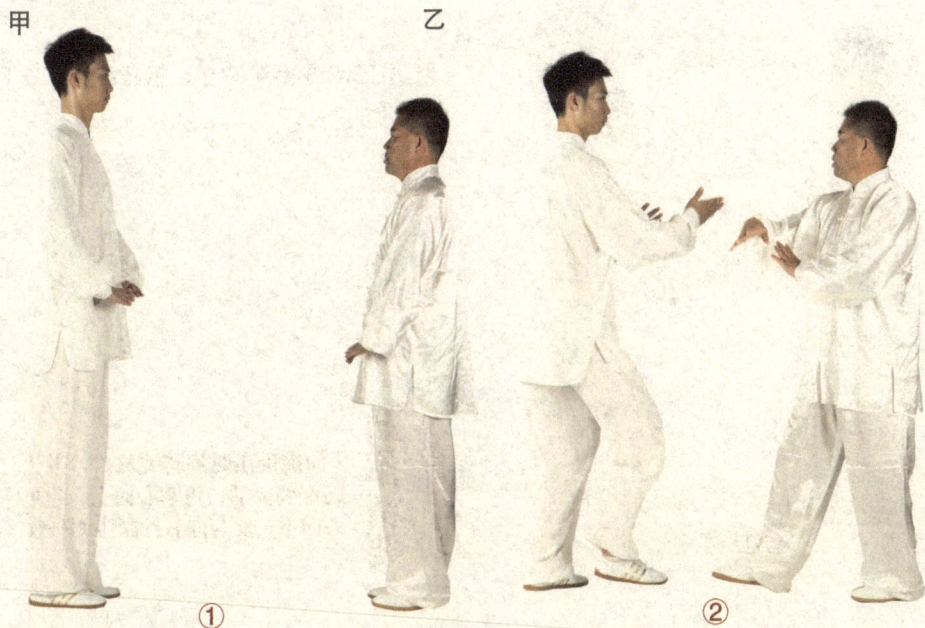

①

①甲乙双方相对站立，相距约1米，目视对方。

②甲乙双方各上右脚，双方右掌在前，左掌按于右前臂处助力。

动作精要

· "迎面挤打"的目的是练习前臂的挤打之力，同时也能练习腿的力量。

· 双方要互相借力使力，才能配合好，练出这种劲力。

③双方向上圆臂撑出，向前挤打，目视对方。

③

·吸化掌

甲　　　　乙

①

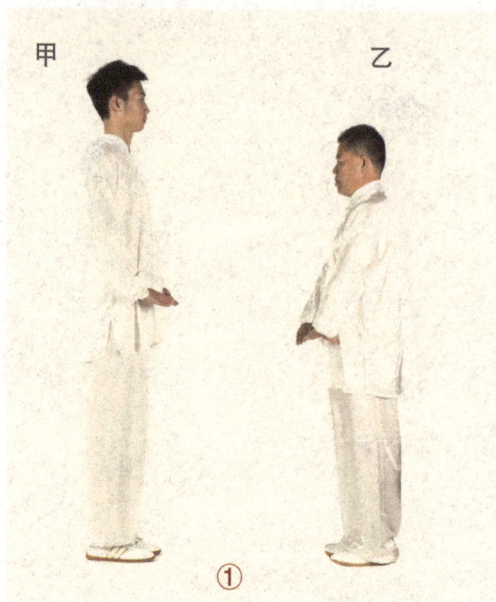

①甲乙双方相对站立，相距约1米，目视对方。

动作精要　·向前推击时肩膀要放松，吸化时腕部要灵活，可掌心向上，也可掌心向下，要与向右拧腰协调一致。

②

③

②甲乙双方右脚外沿靠近，同时甲方右掌掌心向前推向乙方腹部方向。

③乙方向右拧腰，同时腕部向右拨动，将甲方推向腹部之掌吸化掉，目视对方。